Ouvrir
sa
conscience

Catalogage avant publication de Bibliothèque
et Archives nationales du Québec et Bibliothèque
et Archives Canada

Jalbert, Catherine
    Ouvrir sa conscience
    Nouvelle édition augmentée
    (Collection Spiritualité)
    ISBN 978-2-7640-1504-9
    1. Réalisation de soi. 2. Conscience de soi. 3. Esprit
et corps. I. Titre. II. Collection : Collection Spiritualité.

BF637.S4J34 2009   158.1   C2009-941541-0

© 2009, Les Éditions Quebecor
Une compagnie de Quebecor Media
7, chemin Bates
Montréal (Québec) Canada
H2V 4V7

Dépôt légal : 2009
Bibliothèque et Archives nationales du Québec

Pour en savoir davantage sur nos publications,
visitez notre site : www.quebecoreditions.com

Éditeur : Jacques Simard
Conception de la couverture : Bernard Langlois
Photographie de la couverture : Simon Normand
Conception graphique : Sandra Laforest
Infographie : Claude Bergeron

Imprimé au Canada

Gouvernement du Québec – Programme de crédit d'impôt pour l'édition
de livres – Gestion SODEC.

L'Éditeur bénéficie du soutien de la Société de développement des entre-
prises culturelles du Québec pour son programme d'édition.

Nous reconnaissons l'aide financière du gouvernement du Canada par
l'entremise du Programme d'aide au développement de l'industrie de
l'édition (PADIÉ) pour nos activités d'édition.

DISTRIBUTEURS EXCLUSIFS :

• Pour le Canada et les États-Unis :
  MESSAGERIES ADP*
  2315, rue de la Province
  Longueuil, Québec J4G 1G4
  Tél. : (450) 640-1237
  Télécopieur : (450) 674-6237
  * une division du Groupe Sogides inc.,
  filiale du Groupe Livre Quebecor Média inc.

• Pour la France et les autres pays :
  INTERFORUM editis
  Immeuble Paryseine, 3, Allée de la Seine
  94854 Ivry CEDEX
  Tél. : 33 (0) 4 49 59 11 56/91
  Télécopieur : 33 (0) 1 49 59 11 33

  Service commande France
  Métropolitaine
  Tél. : 33 (0) 2 38 32 71 00
  Télécopieur : 33 (0) 2 38 32 71 28
  Internet : www.interforum.fr

  Service commandes Export –
  DOM-TOM
  Télécopieur : 33 (0) 2 38 32 78 86
  Internet : www.interforum.fr
  Courriel : cdes-export@interforum.fr

• Pour la Suisse :
  INTERFORUM editis SUISSE
  Case postale 69 – CH 1701 Fribourg –
  Suisse
  Tél. : 41 (0) 26 460 80 60
  Télécopieur : 41 (0) 26 460 80 68
  Internet : www.interforumsuisse.ch
  Courriel : office@interforumsuisse.ch

  Distributeur : OLF S.A.
  ZI. 3, Corminboeuf
  Case postale 1061 – CH 1701 Fribourg –
  Suisse

  Commandes : Tél. : 41 (0) 26 467 53 33
  Télécopieur : 41 (0) 26 467 54 66
  Internet : www.olf.ch
  Courriel : information@olf.ch

• Pour la Belgique et le Luxembourg :
  INTERFORUM BENELUX S.A.
  Fond Jean-Pâques, 6
  B-1348 Louvain-La-Neuve
  Tél. : 00 32 10 42 03 20
  Télécopieur : 00 32 10 41 20 24

CATHERINE JALBERT

Ouvrir sa conscience

À la
recherche
de
l'équilibre

LES ÉDITIONS
Quebecor
Une compagnie de Quebecor Media

*À mes enfants et à mes petits-enfants ;
ils sont toute ma richesse !*

Note de l'auteure

Sans porter préjudice aux femmes et à tout le travail entrepris pour féminiser la langue, je préfère, pour faciliter mon écriture et votre lecture, utiliser, sans aucune forme de discrimination, le masculin et le mot «homme» pour désigner l'être humain auquel je fais allusion dans ce livre.

Remerciements

Plusieurs personnes s'inscrivent comme précurseurs à cette réédition. Les lecteurs de la première heure qui m'ont témoigné de l'impact de ce livre sur leur propre recherche d'équilibre; les potentiels lecteurs déçus par la rupture des stocks; les optimistes qui ont cru en sa réédition et l'éditeur qui, saisissant la balle au bond, a suggéré d'actualiser mes propos afin que ceux-ci expriment mon évolution au cours des 15 dernières années. Non parce qu'ils étaient devenus obsolètes, mais plutôt pour que les nouveaux soient multidimensionnels et reflètent encore plus clairement ma philosophie de vie.

Soyez toutes et tous remerciés pour cette active participation !

À vous qui me lisez

Ce livre est un ouvrage de sensibilisation à la vie.

Il se lit simplement et se consulte au gré des désirs et des besoins.

Il est le résultat d'un questionnement sur ce que la vie m'a présenté de bonheurs et de difficultés pour m'apprendre à mieux vivre. J'entends par *mieux vivre* cette recherche de l'équilibre vers lequel toute personne tend, plus ou moins consciemment, et qui, pour ma part, a si bien su contribuer non seulement à mon bien-être, mais également à ma santé.

Il est aussi le résultat de rencontres avec des personnes qui, même sans le savoir, m'ont influencée, sur un plan ou sur un autre, par leurs propos et par leurs actes et de qui j'ai reçu un enseignement. J'ai tenté de l'intégrer quotidiennement, souvent par monts et par vaux, dans la vie que je me suis créée.

De plus, il s'est trouvé sur mon chemin des personnes pour contester ma vision des choses, et de leurs points de vue, elles avaient raison. C'est en composant quotidiennement avec leurs réalités, leurs opinions et leurs réflexions que je me suis de plus en plus et de mieux en mieux définie.

J'ai donc été totalement influencée par elles, mais le discours que je tiens est le mien car je perçois, j'analyse, j'intègre et j'utilise ce que la vie m'offre à vivre, à partir de *qui je suis*, en fonction de *mes besoins* et selon *mes moyens*. C'est à vivre ma vie que je fais miennes les connaissances que j'acquiers et que je peux, en toute honnêteté, décrire *ma perception* de l'équilibre et témoigner de la contribution de celui-ci à ma santé globale.

Si je n'avais le souci constant de mon développement personnel, je n'aurais osé écrire et réécrire ce livre. Je le fais par engagement envers moi-même et par solidarité envers toutes les personnes qui ont le désir de faire un bout de chemin sur la voie de l'équilibre et de la santé.

Nous avons toutes et tous un rôle à jouer dans la chaîne de transmission des connaissances. Et celui que je tente de tenir aujourd'hui, en toute simplicité, c'est d'amener à votre conscience ce que chacun sait et pratique déjà inconsciemment.

Je souhaite donc de tout cœur que ce livre soit pour vous ce que certains ouvrages ne cessent d'être pour moi: des éléments déclencheurs!

Personne ne peut vous apprendre quoi que
ce soit qui ne repose déjà dans un demi-sommeil,
dans l'aube de votre connaissance.
Khalil Gibran, *Le prophète*

Ouvrir sa conscience

Introduction

Mon écriture et votre lecture n'auront de résultats que si nous utilisons le même langage. Une mauvaise interprétation des mots est trop souvent à l'origine de l'incompréhension et de l'erreur, pour que je ne prenne pas le temps de définir certains concepts à partir desquels ma réflexion s'est enclenchée, devenant par là la base de ma démarche et le fondement de ma philosophie de vie.

Évidemment, tout le monde sait qu'un chat est un chat. Toutefois, sait-on clairement ce que signifient ésotérisme, spiritualité, développement personnel et conscience, par exemple ? C'est pourquoi les premiers chapitres traitent de ces notions sur lesquelles j'espère faire un peu de lumière.

Quant aux chapitres suivants, ils sont consacrés à certains outils que nous détenons toutes et tous et aux moyens d'en prendre possession pour réaliser cet équilibre que nous cherchons et dont il est question tout au long de ce livre.

Par outils et par moyens, j'entends tout ce qui est à portée de la main, et que nous n'avons aucune raison de ne pas utiliser. Le manque de temps, d'argent et que sais-je encore... ne pourront être invoqués, car tout cela est gratuit et si quotidien qu'il devient impossible de les ignorer.

De plus, à la fin de chaque chapitre et du livre, des espaces sont prévus pour vous permettre d'inscrire une phrase qui a attiré votre attention.

L'intérêt de cet exercice est double. Premièrement, les phrases transcrites nous indiquent où nous en sommes dans notre démarche de croissance et à quel niveau nous pouvons intervenir. Deuxièmement, elles nous permettront de voir, dans quelque temps, à leur relecture, le chemin que nous avons parcouru. Cette méthode est simple et, surtout, efficace. Essayez et vous verrez!

En guise de conclusion, une réflexion sur la société et le rôle que nous pouvons y jouer pour être participants et participantes du changement.

Mais au-delà des mots...
osez vivre et vous comprendrez!

PREMIÈRE PARTIE

D'abord savoir sur quel terrain nous avançons

*Ne crains pas d'avancer lentement,
crains seulement de t'arrêter.*

Proverbe chinois

Chapitre I

Pour commencer par le commencement, parlons de l'ère du Verseau

L'ère du Verseau, voilà une expression qui rend bien perplexe! Nous avons souvent entendu dire «avant et après Jésus-Christ» ou «avant et après notre ère». Mais pourquoi parle-t-on, depuis de nombreuses années, de l'ère du Verseau et qu'entendons-nous par cette expression?

D'abord, il faut savoir que chaque ère dure plus de 2000 ans et que chacune d'elles est marquée par une *conscientisation* et par une *transition* qui lui sont propres et par là importantes dans l'évolution de l'humanité. Ce sont les signes du zodiaque, utilisés à contresens, qui déterminent l'appellation des ères et qui, en même temps, permettent de comprendre et d'anticiper de quel ordre ont été et seront les conscientisations et les transitions.

Ainsi, de l'ère du Verseau, à l'aube de laquelle nous sommes, car celle-ci ne sera vraiment effective qu'aux environs de l'an 2160, l'humanité passera, après l'an 4000, à l'ère du Capricorne et elle était passée, précédemment et à rebours, à travers les ères du Poissons, du Bélier, du Taureau, et ainsi de suite.

Il est cependant important de souligner que même s'il est possible d'anticiper la nature des transformations auxquelles les humains sont appelés, l'homme a toujours eu, lors de ces grandes transitions, le choix d'évoluer consciemment ou inconsciemment dans l'ombre ou la lumière. Il a toujours eu le libre arbitre de sa vie; afin de bien illustrer cette question, examinons de plus près, par le biais de quelques-unes de ces ères, les choix effectués par les individus qui les ont traversées.

L'ère du Taureau, qui s'est déroulée approximativement entre 4500 et 2000 ans avant Jésus-Christ, en a été une d'apprivoisement de la matière où l'homme comprend la nature. Ainsi, cette ère a signifié pour certains rendre la terre et ses attributs utilisables; alors que pour d'autres, elle a traduit une ère de conquêtes provoquant ainsi les clans, les guerres et l'appropriation de cette terre.

Dans l'ère du Bélier, qui s'est déroulée approximativement entre l'an 2000 avant Jésus-Christ et le début du christianisme, il fut beaucoup moins question de survie. L'humanité s'éveille à la qualité de vie; l'homme découvre sa puissance, apprend à transformer la matière et à utiliser son esprit. Certains en ont profité pour créer et inventer alors que d'autres, orgueilleux de cette puissance, se sont crus tout permis; hors-la-loi, ils ont fait de cette puissance un pouvoir voué à leurs propres fins.

Du début du christianisme à nos jours, c'est l'ère du Poissons pendant laquelle l'humanité s'intériorise. L'homme est assoiffé de connaissances, étudie, se questionne et trouve des réponses. Certains ont ainsi travaillé à leur évolution et à celle de l'humanité; d'autres, par contre, ont utilisé ces connaissances pour dominer par les règles, l'autorité et la peur, gardant ainsi beaucoup trop d'êtres humains dans l'ignorance, l'inconscience et l'asservissement.

Quant à l'ère du Verseau, dont nous sentons le courant de pensées s'installer depuis plus de 50 ans, c'en est une d'ouverture et de communication où l'homme s'extériorise. Au-delà de la matière, il est question d'amour, d'élévation de conscience et de spiritualité. Les uns, s'émancipant, accéderont à la solidarité et à la fraternité intense avec leurs pairs ; ils prendront conscience de la puissance du dialogue avec leurs frères terriens et avec l'Univers. D'autres, à la merci de la matière, refusant l'ouverture à l'amour, demeureront dans l'individualisme qui contracte faisant perdurer les valeurs de domination par les règles, l'autorité et la peur appartenant à l'ère du Poissons.

Tous les grands penseurs de ce siècle et du siècle précédent, non seulement les philosophes, mais aussi les scientifiques, s'accordent à dire que le XXIe siècle est obligatoirement celui du développement de la conscience collective. C'est sur le plan de cette conscience collective (grands bouleversements et cataclysmes obligent) que se réaliseront les plus grands progrès. Ils ajoutent que le développement de cette conscience collective devrait nous mener à une vision encore plus globale des choses, et par là même, à des actions de solidarité et de fraternité hors du commun. Plus que jamais, il est et sera temps de mettre les intérêts de chacun au diapason de tous… Où en sommes-nous ? Faisons-nous partie des gens conscients collectivement ? Sommes-nous de ceux qui travaillent au progrès de l'humanité ? Sommes-nous de ceux qui sont sollicités par la durabilité du bien commun ?

Ces explications sont simplifiées, il va sans dire, mais elles illustrent bien le propos et démontrent que, de tous temps, l'homme a eu le choix de son devenir. Il a été et sera toujours le seul responsable de ce qu'il fait de sa vie et des moyens qu'il emploie pour se réaliser et s'accomplir.

Comprendre ainsi les ères et leurs aspects de conscientisation et de transition nous permet de voir beaucoup plus loin que notre simple individualité. Cela permet de saisir que nous sommes issus de milliards et de milliards de décisions prises au fil des ans par autant de milliards d'individus et que la façon dont chacun de nous vit sa vie a un impact important sur l'histoire de l'humanité.

Nous faisons l'histoire aussi sûrement que le caillou, qui tombe à l'eau, a un impact sur l'érosion des rives sur lesquelles s'échouent les vagues causées par sa chute.

J'utilise cet espace pour noter la phrase
de ce chapitre qui a attiré mon attention.

Chapitre II

Qu'est-ce que l'ésotérisme?

Ésotérisme, encore un mot dont on connaît vaguement la signification. Très souvent utilisé et parfois à mauvais escient, on le verra de plus en plus accompagné du mot «exotérisme[1]». La définition des deux termes s'impose, puisque l'ère du Verseau sera une ère d'«exotérisme» et que cette dernière expression bénéficiera sûrement du fait d'être bien comprise.

Le mot «exotérique» vient du grec *exôterikos* qui veut dire au-dehors. On entend donc par «exotérisme» le phénomène par lequel on extériorise, on amène au-dehors ce qui est au-dedans. Comme nous vivons une période où chacun de nous tente de plus en plus de diffuser et de partager son savoir, il est facile de comprendre que l'époque de globalisation, de mondialisation et d'internationalisation des communications que nous vivons en est et sera une d'«exotérisme».

Cependant, «l'exotérisme» n'est possible que s'il y a eu au préalable ésotérisme, ce qui s'explique comme suit.

Le mot «ésotérique» vient du grec *esôterikos* qui veut dire intérieur, au-dedans; c'est de cette racine que découle l'interprétation de l'ésotérisme. D'abord, il correspond au phénomène d'intériorisation, donc de recherche des valeurs intérieures, de l'essence des choses, des êtres,

---

1. Les mots «exotériste» et «ésotériste» que j'utilise pour rendre les explications plus claires ne sont pas encore au dictionnaire.

de la vie et du sens du visible et de l'invisible. Il correspond aussi au maintien du fruit de ces recherches au-dedans, donc à l'intérieur.

Avant que s'installe le courant de pensée qui nous amène à l'ère du Verseau, l'ésotérisme s'appliquait ainsi : les ésotéristes recherchaient les connaissances (spirituelles, religieuses, philosophiques, alchimistes, métaphysiques de même que mathématiques et astronomiques) et ne les transmettaient généralement qu'à des initiés, très souvent oralement et dans un langage hermétique.

Pourquoi cette fermeture ? demanderez-vous. Peut-être pour empêcher que trop de gens deviennent plus conscients, donc plus avertis et ainsi moins soumis à ceux de l'ère du Poissons qui ont choisi comme mode de vie le pouvoir et l'autorité, gardant ainsi beaucoup de nos anciens dans l'inconscience et la dépendance. Également parce que certains ésotéristes ont cru que la majorité des gens ne devaient pas savoir parce qu'ils croyaient qu'ils ne pourraient pas comprendre. Mais surtout parce que les ésotéristes purs tenaient à garder intacts la tradition et le savoir, maintenant par là le contact, jusqu'à la nuit des temps, avec la racine de la connaissance et l'exactitude du message spirituel. Exactitude trop souvent mise en danger par l'intervention d'intermédiaires non initiés dans la transmission du message.

Aujourd'hui, l'ésotérisme demeure dans son aspect de recherche de la signification et de l'interprétation du sens des choses et de la vie. Toutefois, son aspect de fermeture autour des sociétés d'initiés fait de plus en plus place au mouvement de communication et d'ouverture créé par l'avènement de l'ère du Verseau.

On devient donc exotériste quand on tente, par la parole ou par les écrits, d'amener au grand jour et à la conscience de tous, en vulgarisant pour rendre le tout accessible, ce que l'on a appris, compris, apprivoisé et expérimenté. Le livre *Le secret* est un exemple concret de ce passage de l'ésotérisme à l'exotérisme.

Toute la question du cheminement personnel est basée sur une réflexion et un questionnement intérieur d'abord, pour mener ensuite à une manifestation et à un rayonnement extérieur. Il ne peut donc y avoir exotérisme sans ésotérisme parce qu'il n'y a pas d'extériorisation sans intériorisation.

Comme il est facile de passer d'un extrême à l'autre, ce phénomène d'ouverture pour dire ce que l'on croit avoir compris et entendre ce dont on a besoin peut nous jouer des tours. Car s'il mène au partage de *tout*, il peut aussi mener au partage de *n'importe quoi à n'importe qui*... À preuve encore, le livre *Le secret* qui transmet, quant à moi, une vérité indéniable mais... Parce qu'il y a un mais... Mais comment cette vérité est-elle transmise et utilisée? Très mal, me semble-t-il. Chacun, non initié à l'élévation spirituelle, l'emploie, plus souvent qu'autrement, à des fins personnelles et matérielles, ce qui met en danger le message et les messagers par le fait même. Il est donc très important d'être attentif à l'essence de ce qui nous est transmis. C'est à nous de choisir ce que nous voulons bien faire entrer dans notre vie, en sachant que ce qui est bon, utile et efficace pour le voisin ne l'est pas nécessairement pour nous, et vice versa.

N'acceptons rien qui ne nous soit clair et limpide, rien que nous ne sentions profondément comme notre vérité.

J'utilise cet espace pour noter la phrase de ce chapitre qui a attiré mon attention.

CHAPITRE III

Que penser de la philosophie de vie du nouvel âge?

Je fais ici allusion à la philosophie nouvel âge pour aborder le mouvement qui fut déclencheur et porteur de ma propre philosophie de vie, c'est-à-dire celle qui m'a permis d'apprivoiser une vision holistique de la santé physique, émotionnelle, mentale et spirituelle que je nomme la recherche de l'équilibre.

Dans ce courant exotérique des dernières années du xxe siècle, le mouvement nouvel âge, par qui plus d'un s'est initié à la spiritualité et s'est ouvert à l'invisible et à l'Univers dans toute sa symbolique et sa signifiance, fut traité en bête noire. Le mouvement nouvel âge dont notre société de consommation se sert, encore aujourd'hui, pour étiqueter ce qui est préjudiciable et péjoratif, a souffert et souffre de méconnaissance.

Le mouvement nouvel âge ne fut pas une religion, ni une secte, ni un concept commercial. Il n'eut rien de mystérieux, ne s'adressait pas qu'à des initiés et ne se résumait surtout pas à un objet ou à une technique de vente. Il permit l'ouverture nécessaire à beaucoup de chercheurs de vérité.

Le mouvement nouvel âge fut *une philosophie*, une façon de vivre et de penser qui a eu pour but l'harmonie et l'équilibre de l'individu, en lui-même et dans son milieu, en développant par l'éveil de sa conscience non seulement ses dimensions physique, mentale et émotive, mais également sa dimension *spirituelle* essentielle à son évolution et à celle de tout être humain.

Là où le bât a blessé, ce n'est pas dans la pratique de cette philosophie ou des moyens et techniques employés pour atteindre l'harmonie et l'équilibre, mais plutôt dans l'utilisation commerciale et tous azimuts qu'on en a faite.

À titre d'exemple, parce qu'on a traversé une vague santé, tout fut étiqueté santé (de l'émission de télévision aux draps, en passant par les graines) et parce que le nouvel âge fut à la mode, tout est devenu nouvel âge (on a fait de l'artisanat nouvel âge, on a cuisiné nouvel âge, et que sais-je encore).

N'en est-il pas ainsi aujourd'hui avec les oméga-3 ou les notions « bio » et « écolo » ? Parce que ces éléments sont réputés être liés à l'amélioration de notre santé, le commerçant abuse de leurs appellations pour « mieux vendre » et pour « donner bonne conscience aux consommateurs ».

Dans les deux cas, que ce soit une technique, une pratique ou un apport alimentaire, tous ces éléments ne sont efficaces que s'ils sont soutenus par une recherche de mieux-être qui, elle-même, émane d'une philosophie de vie.

Épurons et retournons à l'essence! De la même façon que les grands principes d'amour prônés par le Christ, de détachement prônés par Bouddha ou encore de sagesse prônés par Confucius, ont sans cesse besoin d'être épurés, parce qu'ils sont sans cesse pollués par la nature humaine (il n'y a qu'à observer ce que certains hommes d'Église ont fait de l'enseignement du Christ pour comprendre), la philosophie nouvel âge ou toute autre approche holistique a continuellement besoin du discernement de ceux qui s'y engagent pour distinguer le grain de l'ivraie.

D'abord savoir sur quel terrain nous avançons

La philosophie nouvel âge, contrairement à ce que l'on pourrait croire, n'est pas une invention du XXᵉ siècle. Ce qui appartient à ce siècle, c'est le mouvement et non la philosophie. Le *peace and love* des années 1960 a mené à une recherche et à une réflexion sur l'expression de la spiritualité *versus* la religion ainsi que sur les pratiques de celles-ci en Orient *versus* l'Occident. Depuis plus de 50 ans, cette philosophie, qui raccorde aux valeurs du passé, aux traditions et, entre autres, à un besoin de spiritualité qui, comme chacun le sait, est vieux comme le monde, a servi de toile de fond à ce mouvement d'ouverture sur d'autres façons de vivre *notre quête d'absolu*! Il n'y a qu'à lire l'histoire et à se rappeler, entre autres, *Les chevaliers de la Table ronde et leur quête du Graal* ou encore *Le mythe de la toison d'or* pour se rendre compte de cette incessante recherche du divin et du besoin de l'être humain de vivre en paix et en harmonie avec lui-même et son environnement. Heureusement, beaucoup n'ont pas jeté le bébé avec l'eau du bain et demeurent branchés sur tout ce qui peut nourrir leurs réflexions et leurs recherches, malgré le scepticisme environnant.

> *La certitude intérieure et l'intuition*
> *mènent au discernement. Suivons-les,*
> *elles nous montrent le chemin!*

J'utilise cet espace pour noter la phrase
de ce chapitre qui a attiré mon attention.

Chapitre IV

Qu'entendons-nous par spiritualité?

Quand on parle de spiritualité, on parle de l'expression de l'âme en contact avec le divin.

La spiritualité est la somme des dispositions de l'esprit et du cœur que chaque individu se donne pour agir et réagir dans sa vie.

Ces dispositions sont guidées par une conscience des choses, des êtres et de l'Univers ainsi que par la certitude qu'au-delà du visible et du matériel, la vie continue de s'exprimer par ce véhicule, tout à fait fascinant, qu'est l'âme en contact avec l'invisible. Notre intuition et nos cinq sens sont de formidables portes qu'utilise notre esprit pour communiquer avec notre âme et cet invisible divin.

Chaque religion, chaque secte a sa propre forme de spiritualité. C'est alors une spiritualité organisée où chaque membre accepte les mêmes dispositions morales et la même pratique de ces dernières qui devraient toujours être guidées par la droiture et la volonté de perfection, mais qui, parfois, sont empreintes de pouvoir et d'autorité, à la merci des exigences de la nature humaine. De là l'obligation pour chacun de nous de retourner sans cesse à l'essence de ce qui est pour raccorder à ce qui a été.

Quant au besoin de spiritualité, il correspond à ce que chaque individu a senti de tous temps – un vide, un creux, une insatisfaction au plus profond de son être – que rien de matériel ne peut combler.

Ce malaise au fond de l'être, c'est la souffrance de l'âme en manque de nourriture et de la sérénité du Tout dont elle fut séparée en s'incarnant dans un corps et dont elle conserve cependant la mémoire. Ce malaise, ce vide et ce manque provoquent une recherche qui, elle, crée une tension qui ne se calme que lorsque l'individu entre en contact avec sa propre forme d'expression avec l'invisible, *sa spiritualité*. Par la spiritualité, l'être humain acquiert la certitude qu'il n'est pas seulement un corps, il est plus et il y a plus. Par la spiritualité, il donne un sens à sa vie en cherchant la communion avec ce *plus*. Par la spiritualité, l'homme vit à la verticale en contact avec le divin et peut ainsi mieux témoigner à l'horizontale de ce divin qui l'habite.

Pour ce faire, certains choisissent la voie des dispositions morales guidées par des principes et un enseignement religieux ; d'autres optent pour leurs propres dispositions de cœur et d'esprit et s'abreuvent à tout ce qu'ils jugent essentiel à l'enrichissement de *leur* âme, pour vivre *leur* spiritualité.

Le dénominateur commun pour toutes les formes de spiritualité, c'est l'expérience du contact avec le divin, avec plus grand que nous. Point n'est besoin de définir ce *plus grand*, ce qui importe, c'est de s'en approcher un peu plus chaque jour, c'est de marcher sur le Chemin de lumière et de se diriger, jour après jour, vers cette Source réconfortante qui nous appelle et nous attend.

La spiritualité, pour se déployer, a besoin de la volonté et de la disponibilité de ceux qui s'y engagent. C'est en vivant un quotidien, pleinement ouvert à l'expression de la spiritualité, que celle-ci prend force et forme. La moindre pensée et le moindre geste empreints des dispositions que nous avons choisies assurent l'intégration de cette spiritualité en nous et autour de nous.

Par sa spiritualité, l'être humain vise à se parfaire, et quelle que soit la voie choisie pour le faire, ce n'est que dans la certitude de se parfaire à travers cette incarnation que nous pourrons parler d'évolution au sens d'élévation.

Notre seule véritable liberté consiste à découvrir et à dégager la réalité spirituelle qui est en nous.

Shri Aurobindo

J'utilise cet espace pour noter la phrase de ce chapitre qui a attiré mon attention.

CHAPITRE V

Qu'en est-il de l'évolution?

À vivre notre vie, notre conscience des choses, des êtres et de l'Univers s'ouvre constamment. Sous l'impact de cette ouverture, nos dispositions de cœur et d'esprit se développent, créant ainsi un mouvement qui nous fait choisir, jour après jour, les expériences que nous désirons vivre. Celles-ci mènent à l'exploration de nos forces et de nos faiblesses, et c'est la somme de ces expériences vécues et, surtout, des enseignements qui en ressortent qui permet l'évolution d'un individu.

Quand il y a, sous-jacent au développement des dispositions de cœur et d'esprit, la volonté de se parfaire pour aller de plus en plus vers la Source divine en soi et en tout, on peut parler d'évolution au sens d'élévation.

L'être humain cesse cependant d'évoluer ou n'évolue pas quand, par peur du changement et de l'inconnu, il tente de cristalliser le moment présent, quand il veut que les choses soient toujours comme elles sont ou comme elles ont été. Or, quand on sait qu'évolution est mouvement, on comprend que se soustraire aux changements veut dire s'empêcher d'évoluer.

Plus l'être humain accepte d'évoluer, plus il devient responsable de ses faits et gestes, et plus il est conscient de l'impact de ceux-ci sur ce qu'il sera demain et sur l'évolution de son environnement. C'est d'ailleurs sa responsabilisation et l'idée qu'il a de son importance qui le mettent en mouvement et qui le poussent à faire des gestes dans un but non seulement personnel, mais aussi collectif. En effet, l'évolution, c'est aussi la somme des actions et des réactions d'une communauté qui a le pouvoir de s'élever si elle le désire.

Quand, pour contrer son mal-être, l'être humain se nourrit de matériel et que ses faits et gestes sont commis à des fins individualistes de consommation et de compensation, il y a également évolution, et qui plus est, avec impact sur la communauté et, par enchaînement, sur l'histoire de l'humanité. Par contre, c'est un impact contre lequel beaucoup d'individus et de sociétés ont à lutter et qui, nécessairement, ralentit leurs propres possibilités de progresser. En même temps, cet impact force les êtres à mieux se définir et à s'engager avec encore plus de détermination dans le chemin d'élévation qu'ils auront choisi. Pour comprendre cela, il n'y a qu'à observer quelle force de caractère et quelle intégrité les groupes de sensibilisation pour la paix, comme Amnistie internationale, déploient depuis plusieurs années pour lutter contre ceux qui permettent la violence, la torture et la guerre. Ces groupes, déterminés par leurs certitudes intérieures à combattre l'intolérable et l'inacceptable, sont affaires propres à chacun des individus qui compose le groupe, n'est-ce pas? Il appartient donc à chacun de nous d'instaurer la paix en nous, de lutter dans notre propre vie contre notre propre violence et tant d'autres maux, pour que, dans quelques décennies, il se trouve assez d'êtres humains conscients, sensibilisés et agissants capables d'influencer le comportement de toute une société. Faut-il comprendre par là que l'individu doit lutter contre lui-même pour évoluer et s'élever? Sans doute, mais alors? Les gouvernements, par exemple, devraient-ils lutter contre eux-mêmes, eux aussi? Assurément, l'évolution des gouvernements se fait par les politiciens qui les composent, et c'est l'évolution propre à chacun de ces politiciens qui fera foi de l'évolution des gouvernements. Autant de questions et de constats auxquels chacun de nous tente d'accéder pour le bien commun.

Qu'est le mal, sinon le bien
torturé par sa faim et sa soif.

Khalil Gibran, *Le prophète*

J'utilise cet espace pour noter la phrase
de ce chapitre qui a attiré mon attention.

CHAPITRE VI

Un mot sur
le développement personnel

Voilà un concept autour duquel tourne *notre devenir*. Il n'y a pas de conscience, d'équilibre, d'harmonie et de spiritualité possibles sans le développement personnel.

C'est par celui-ci que l'être humain travaille à son évolution, que l'individu prend conscience de sa propre importance et du rôle qu'il a à jouer dans la collectivité. Alors, ça vaut la peine de se demander ce que c'est!

Le développement personnel, c'est l'ouverture des champs de conscience (individuelle, sociale, universelle, cosmique...) de l'être humain.

Le premier à développer est évidemment le plan de la conscience individuelle qui commence effectivement à croître quand nous avons assez d'ouverture d'esprit pour avoir plusieurs visions d'une même réalité – chaque vision tenant compte de ce que vivent et perçoivent des millions d'individus différents. Plus les êtres humains réfléchissent et agissent en fonction de leurs différences et plus ils comprennent que leurs complémentarités sont le résultat de leurs différences, plus ils se donnent de chances d'évoluer.

L'individu qui accepte et respecte les différences porte moins de jugements. Il est donc plus attentif au vrai sens des choses, au vrai sens de la vie, au vrai sens de sa vie.

Il veut donc *mieux vivre* et pour mieux vivre, il cherchera d'abord l'harmonie en lui-même, en établissant l'équilibre entre ses plans physique, émotionnel, mental et spirituel. Cette recherche de l'équilibre, souvent appelée *santé globale ou holistique*, se fait au jour le jour, en développant la conscience que ces quatre plans existent en lui et qu'il y a interaction entre eux.

Cette conscience individuelle lui fait changer sa façon de vivre ; il reconnaît non seulement son importance, mais aussi celle du milieu dans lequel il vit. Il cherche alors un équilibre encore plus grand, lui permettant, cette fois-ci, de composer harmonieusement avec son environnement et le cosmos ainsi que son cortège de questions sans réponses.

C'est cette recherche de *qualité de vie* et de *spiritualité* qui l'ouvre, un peu plus tous les jours, à d'autres plans de conscience.

En effet, l'individu, conscient de son importance, développe une conscience sociale quand la qualité de l'interaction avec son environnement et les autres hommes devient essentielle pour lui. Il acquiert une conscience universelle quand il est solidaire de toutes les communautés que forment les êtres humains et qui cohabitent sur une terre qu'ils veulent tous ensemble sauvegarder. Enfin, il développe une conscience cosmique devant l'inéluctable invisible qu'il perçoit derrière le visible qu'il découvre.

C'est cela l'ouverture de nos champs de conscience, et c'est à cela que font référence les penseurs mentionnés au premier chapitre quand ils parlent du développement de la conscience en affirmant que c'est à ce titre que se réalisent les plus grands progrès du XXIe siècle.

Pourquoi ne pas en faire un projet de vie ?
Après tout, c'est notre vie !

J'utilise cet espace pour noter la phrase
de ce chapitre qui a attiré mon attention.

CHAPITRE VII

Mais qu'est-ce donc que la conscience?

La conscience, c'est être éveillé plutôt qu'endormi. Cette image est simple, n'est-ce pas? Même si elle parle d'elle-même, je prendrai quelques lignes pour décrire à quoi peut correspondre cette façon de vivre *consciemment*. Être éveillé implique donc que l'individu:

- *devient autonome*, c'est-à-dire qu'il n'a plus besoin du regard, de la parole ou du geste valorisant de l'autre pour exister. Il sait que cette valorisation ne peut venir que de lui-même;

- *voit la réalité en face*, c'est-à-dire qu'il arrête de se donner des excuses, de se monter des bateaux, de se raconter des histoires. Il sait que l'illusion est la voie de la facilité;

- *se voit tel qu'il est*, c'est-à-dire qu'il assume ses peurs, ses contradictions, ses blessures, ses bonheurs, ses souffrances, ses forces, ses faiblesses, ses succès, ses pertes. Il sait à quoi il ressemble. Il se définit et se spécifie sans cesse;

- *apprend à s'écouter*, c'est-à-dire qu'il laisse monter en lui les émotions, les sentiments, les intuitions. Il y croit et sait que ce langage qu'emploient son corps, son cœur et son âme pour lui parler est aussi valable que celui de la raison;

- *se responsabilise*, c'est-à-dire qu'il reconnaît ses torts, accepte que tout ne soit pas la faute des autres. Il sait qu'il doit se prendre en charge en assumant ses choix et les conséquences de ses actes;

- *se fait confiance*, c'est-à-dire qu'il développe l'estime de lui-même, se respecte, s'aime, se permet, se donne, se pardonne. Il sait qu'il est capable de faire ou d'apprendre à faire tout ce qu'il veut;

- *reconnaît sa valeur et celle des autres*, c'est-à-dire qu'il accepte d'être ce qu'il est, de jouer son rôle sans vouloir jouer celui de l'autre, voit les complémentarités entre chacun. Il sait que la paix et l'harmonie sont aussi fonction de cet équilibre entre les êtres;

- *retourne à l'essentiel,* c'est-à-dire qu'il élimine l'inutile pour se rapprocher des valeurs qualitatives de respect de la vie et de la nature. Il sait que moins ses besoins sont grands et plus il est autonome et libre, plus il goûte la vraie vie et plus il est dans l'abondance;

- *accepte de s'engager*, c'est-à-dire qu'il se donne des buts à atteindre, personnels et collectifs. Il sait qu'en optant pour l'engagement, il choisit sa liberté;

- *accepte de donner l'exemple*, c'est-à-dire qu'il réalise qu'à tout moment il se trouve quelqu'un pour voir son geste et entendre sa parole. Il sait que chacun de nous a la responsabilité de ce qui passe partout et en tout temps;

- *comprend sa raison d'être*, c'est-à-dire qu'il donne un sens à sa vie en percevant que le vide et la soif en lui appellent, au-delà du visible, à une dimension où l'âme et le divin trouvent leurs places;

- *dit merci*, c'est-à-dire qu'il est reconnaissant de ce que la vie lui réserve pour son développement et son évolution.

*J'utilise cet espace pour noter la phrase
de ce chapitre qui a attiré mon attention.*

Ye suis capable d'apprendre à
vivre l'intimité avec un amou-
reux complice.

DEUXIÈME PARTIE

Ensuite connaître les outils et les moyens que nous possédons pour avancer

Rappelez-vous bien, mes enfants, qu'il n'existe rien de constant, si ce n'est le changement.

Bouddha

CHAPITRE VIII

L'outil par excellence, l'inconscient

Eh oui, l'inconscient existe ! Il est puissant, et chacun de nous peut s'en servir. C'est non seulement le plus bel outil de développement personnel que nous possédons, mais c'est aussi un outil de guérison psychologique et j'ose dire, expérience à l'appui, qu'il est un merveilleux outil de guérison physiologique. Encore faut-il l'utiliser !

Nous aurons beau suivre toutes sortes de thérapies ou adopter différentes pratiques traditionnelles ou alternatives, si nous ne décidons pas d'ouvrir notre conscience et de faire appel à l'inconscient, l'évolution et le développement personnel seront difficiles, je dirais même impossibles.

L'inconscient constitue, avec le subconscient et le conscient, les trois zones du psychisme humain. Celles-ci travaillent en étroite collaboration pour maintenir l'équilibre et la santé de l'individu.

Le conscient est la zone liée à la réalité par laquelle s'enregistre tout ce que l'on fait, éprouve, voit, entend et dit de façon immédiate et volontaire. C'est le souvenir de ces actions et l'impact non perçu, bon ou mauvais, qui s'emmagasinent dans l'inconscient.

Le subconscient est la zone liée à la perception de l'environnement et de son impact, bon ou mauvais, sur l'individu. Il enregistre de façon plus ou moins consciente les émotions, les images ainsi que les faits et gestes qui se passent en lui et autour de lui, pendant que l'individu agit consciemment.

Je l'appelle également zone de passage parce que si les images, les sons, les gestes et les émotions qui se présentent au subconscient sont habituels et automatiques, comme une musique que l'on entend (sans l'entendre) pendant que l'on cuisine consciemment, celui-ci les enregistre et les envoie à l'inconscient.

Par contre, si les images, les sons, les gestes et les émotions qui se présentent au subconscient sortent de l'ordinaire, comme une image publicitaire que l'on voit (sans la voir) pendant que l'on marche consciemment mais qui, soudainement, attire notre attention parce qu'elle a changé depuis hier, celui-ci envoie l'information au conscient. C'est le souvenir et l'impact, bon ou mauvais, qu'a créés la situation qui s'emmagasinent dans l'inconscient.

L'inconscient, quant à lui, est une zone d'entreposage. En langage informatique, on dit que c'est lui qui télécharge et comme c'est le cas de l'ordinateur, il a un programme d'analyse et de référence hypersophistiqué. Cette zone d'analyse et de référence est très précieuse pour l'équilibre psychique de l'être humain. Par exemple, quand le conscient enregistre de la peine au décès d'un être cher, l'inconscient reçoit l'information, l'enregistre et analyse l'impact que cette peine provoque. Vient-elle toucher un plan déjà vulnérable ou est-elle une nouvelle émotion qui touche un plan stable, donc plus ou moins traumatisé de l'être ? C'est de cette information *traitée* que l'inconscient se sert pour faire comprendre à la personne qui elle est, d'où elle vient et comment elle peut évoluer. Il peut même lui servir les éléments sur lesquels elle a la possibilité d'intervenir pour changer une situation intolérable et traumatisante en expérience positive, si elle le désire, évidemment.

L'inconscient a de la mémoire ; il se souvient de tout ce qui nous touche, de près ou de loin, que ce soit notre vécu, celui de nos ancêtres ou celui de vies antérieures, sans oublier les mois passés dans l'utérus de notre mère, et j'en passe. Sa mémoire va même beaucoup plus loin, c'est-à-dire que l'inconscient peut, si c'est nécessaire pour son travail, puiser à même les références de l'humanité tout entière ou, si vous préférez, à même l'inconscient collectif. En fait, rien ne lui échappe et même si nous ne voulons pas nous occuper de lui, il s'occupera inlassablement de nous. Il nous parle par nos rêves, nos malaises et maladies, des hasards, des coïncidences, des synchronismes et des actes manqués, jusqu'à ce que nous comprenions qu'il est à notre disposition et qu'il n'en tient qu'à nous d'en prendre conscience et de faire équipe avec lui.

Faire équipe avec son inconscient, c'est se placer sur le chemin de l'évolution et du développement personnel. Je conviens que c'est une décision difficile à prendre, l'inconnu fait tellement peur. Cependant, c'est devant l'inconnu que l'être humain réalise l'ampleur de ses capacités et qu'il fait connaissance avec lui-même.

Le choix est le privilège de chaque être humain ;
la peur est son pire ennemi !

J'utilise cet espace pour noter la phrase
de ce chapitre qui a attiré mon attention.

CHAPITRE IX

Lâcher prise

Lâcher prise sur sa vie et arrêter d'en contrôler les événements est essentiel pour ouvrir la porte de l'inconscient et pour apprendre à mieux vivre.

C'est vrai, il ne suffit pas de dire «Je lâche prise» pour que cela arrive, mais c'est un bon début. C'est au moins nous rendre disponibles à ce qui se passe car, dans toute démarche de développement personnel, la plus grande difficulté est la résistance aux changements. Le lâcher-prise exige de nous la non-résistance aux changements.

Il arrive très souvent que l'on se retrouve devant une situation, une difficulté, une impasse et que l'on ait l'impression que c'est toujours la même chose qui se reproduit, que c'est toujours à soi que ça arrive. Cela s'explique parce que l'on a tendance à se cantonner dans une seule et unique façon de voir, de faire et de penser, honnête je vous l'accorde, mais peu efficace puisque c'est l'éternel recommencement. On se limite parce qu'on a peur de l'inconnu. On lui préfère le connu, même insatisfaisant car, avec lui, on sait au moins à quoi s'attendre. Notre sécurité est tellement importante qu'en son nom nous faisons bien des concessions, parfois même nous la payons de notre propre liberté, n'est-ce pas?

Curieusement, la décision à prendre n'est pas d'agir, mais plutôt d'arrêter d'agir, c'est-à-dire d'arrêter de résister à ce que la vie essaie de nous offrir à vivre. Croyez-moi, la vie se charge de nous amener continuellement à lâcher prise, mais nous résistons, nous voulons tout contrôler et, malheureusement, nous nous détournons ainsi de notre route. Cela prend souvent un coup dur pour lâcher prise, pour nous laisser aller à voir les choses autrement, pour enfin changer notre attitude. Nous nous disons alors : « Ça ne peut être pire que maintenant, essayons autre chose, voyons si la solution n'est pas ailleurs. » Lâcher prise, c'est ouvrir grands nos yeux et nos oreilles et laisser la vie nous apprendre à vivre, ici et maintenant.

Il est malheureusement trop vrai que lorsqu'on est sans recours, profondément désabusé, écœuré même, et seulement à ce moment-là, la décision d'abandonner, de lâcher prise s'impose. Si nous savions d'avance que les difficultés sont, dans notre vie, comme une sorte d'initiation et que de toute situation désagréable naît un nouvel aspect de nous-mêmes, nous laisserions le déclic se faire. Et quand le déclic se fait, nos résistances et nos défenses diminuent, de même que nos souffrances, heureusement !

C'est dans le lâcher-prise que l'inconscience fait place à la conscience. La porte s'ouvre tranquillement sur une multitude d'événements passés et présents, que l'on ne voit plus et que l'on ne vit plus de la même façon. On jette un regard différent sur les êtres et les choses. Une soif de savoir s'installe en nous, nous devenons curieux de ce que la vie nous réserve. L'inconscient a donc ainsi toute la place pour mettre en branle sa banque de données et nous envoyer une foule de signaux qui nous aident à comprendre le pourquoi de nos résistances et, sous-jacentes à celles-ci, le pourquoi de nos peurs. Jour après jour, nous éprouvons plus de sécurité devant l'inconnu, plus de foi devant la vie et plus d'assurance que devant un problème nous trouverons la solution.

Il y aura rechute, évidemment. On se remettra à avoir peur et à résister, on aura la sensation de plafonner. Alors, il faudra se demander : « Qu'est-ce que je ne veux pas comprendre présentement ? », « De quoi ai-je peur ? », questions auxquelles il faudra *répondre honnêtement*, même si, pour cela, on doit mettre notre orgueil de côté. Les peurs sont à l'origine de toutes nos résistances ; les détecter, les nommer, les libérer nous mène assurément au lâcher-prise, et vice versa, le lâcher-prise nous aide à nous libérer de nos peurs.

Parfois, on avancera d'un pas pour en reculer de deux, on se rendra compte que derrière une résistance abattue apparaît une autre défense encore plus subtile. À travers toutes ces expériences, il est important de savoir et de comprendre que le développement personnel s'accomplit au quotidien, qu'il est fait de petites victoires gagnées au fil des jours et que le lâcher-prise est un des moyens de garder constante la croissance qu'on a entreprise. En lâchant prise, on réalise que la vie est le meilleur des gourous et que ses enseignements ne se présentent que quand on accepte de vivre intensément.

Lâcher prise sur le passé, le présent et le futur, se laisser porter par la vie et se responsabiliser, voilà ce qui est souhaitable. Curieusement, plus on se responsabilise, moins on contrôle ; moins on contrôle, moins on a de responsabilités. La responsabilisation est liée à la conscience de soi et du sens de sa vie ; la responsabilité, quant à elle, est liée au contrôle sur sa vie et sur celle de l'autre. Voilà que moins de responsabilités veut dire moins d'angoisses, et que moins d'angoisses signifie plus de place pour toutes les occasions que la vie nous offre d'avancer et d'évoluer.

Ce n'est pas le chemin qui est difficile,
c'est le difficile qui est le chemin.

J'utilise cet espace pour noter la phrase
de ce chapitre qui a attiré mon attention.

Les peurs sont à l'origine de tuts
les résistances.
lâcher prise, se laisser porter par la vie
et se responsabiliser.

CHAPITRE X

Rêver

Sans porter préjudice aux multiples thérapies et ateliers existants, qui sont autant d'efficaces possibilités de faire appel à l'inconscient, j'ai choisi, compte tenu du sujet de ce livre, d'attirer l'attention sur des moyens qui nous sont directement accessibles, comme les rêves, la création et le journal intime.

Notre inconscient nous parle magnifiquement par nos rêves, mais contrairement au lâcher-prise qu'il est essentiel de pratiquer pour notre développement personnel, il n'est pas obligatoire de travailler assidûment à partir de nos rêves pour évoluer.

Même si l'analyse des rêves est, pour moi, le moyen, il appartient à chacun de choisir celui qui lui convient, celui auquel il pourra accorder une certaine constance et celui par lequel il aura le sentiment de cheminer.

L'important, c'est de comprendre que le rêve est un excellent moyen d'entrer en contact avec tout le bagage de données de notre inconscient. D'ailleurs, Freud, le père de la psychanalyse, a dit à ce sujet: «Le rêve est la voie royale pour la connaissance de soi.» Nous possédons tous ce moyen et nous pouvons tous l'apprivoiser; il s'agit tout simplement de vouloir l'utiliser.

Il faut d'abord savoir que le rêve est responsable de notre équilibre mental, sans aucun contrôle de notre part; il est donc facile de comprendre que même si nous ne nous rappelons pas nos rêves, nous rêvons. Oui, tout le monde rêve, plus particulièrement pendant les phases IV et V du sommeil (voir à ce sujet le chapitre XIX, «Le sommeil pour récupérer). Pendant les trois premières phases, le corps travaille à sa récupération, à sa régénération et à sa réharmonisation *physique*. C'est au cours des deux dernières phases que la réharmonisation *psychique* se fait; c'est-à-dire que l'inconscient, par le rêve, envoie des images au rêveur qui vont, pour les besoins de son équilibre mental, venir, entre autres, compenser un manque, un besoin, un désir exprimé ou inexprimé par son conscient. Par exemple, un rêveur en manque d'affection pourra rêver de bras, de câlins ou de personnes qui ont toujours été affectueuses envers lui. Il ne s'en rappellera peut-être pas, mais le rêve aura fait son travail; il aura vu à son équilibre psychique en lui procurant l'affection qu'il lui manquait. (Cet exemple est simplifié afin de faciliter la compréhension du travail de compensation du rêve.)

Par contre, si le rêveur fait partie de ceux qui ont opté pour le rêve afin d'orienter leur démarche personnelle, il réalisera qu'en l'analysant cela lui permet de conscientiser ce manque d'affection et d'y réagir de la manière qu'il choisira dans la réalité. En effet, il ne suffit pas d'analyser le rêve; il faut, pour rendre l'analyse efficace, prendre des décisions et agir en conséquence.

Tout le monde rêve environ 30 jours par année, ce qui fait qu'à 60 ans, on aura rêvé approximativement 5 ans. Cela ne vaut-il pas la peine de s'en rappeler et d'en faire son profit?

Encore faut-il s'en rappeler, n'est-ce pas? Il existe différentes façons d'y arriver; en ce qui me concerne, un des bons moyens de réussir est la programmation de la pensée (voir à ce sujet le chapitre XIII, «Programmer ses pensées»). Mettez en œuvre cette programmation, ayez confiance et vous verrez qu'au bout de l'exercice, vous vous souviendrez de vos rêves.

Quand la programmation commence à porter des fruits, la méthode la plus simple pour procéder à l'analyse du rêve est la suivante.

D'abord

- Placer à portée de la main du papier et un crayon ou un magnétophone, afin de noter, dès le réveil, les grandes lignes du rêve. «Dès le réveil» veut dire : avant même de mettre le pied à terre, donc dans la réalité. Cette demi-conscience dans laquelle nous sommes encore sert notre mémoire qui risquerait d'être perturbée par cette prise de contact avec la réalité (le téléphone et le réveille-matin sont autant d'éléments perturbateurs de notre mémoire).

- Compléter dans la journée, au moment jugé opportun, les notes prises au réveil.

- Terminer consciemment le rêve par une phrase ou un paragraphe qui vient le plus spontanément possible.

- Donner un titre au rêve qui vient d'être consigné.

Ensuite

- Procéder à l'analyse en répondant aux questions suivantes :
  - Qu'est-ce que je vis présentement dans ma réalité ?
  - Suis-je dans l'action ou observateur dans le rêve ?
  - Quels éléments du rêve attirent le plus mon attention ?
  - Que signifient pour moi ces éléments ?
  - Quelles émotions ai-je ressenties ?
  - Quelle est ma première réaction à la relecture du rêve ?

Enfin

- En tirer une interprétation *intuitive* et, pour ce faire, s'attarder à ce qui est vécu dans la réalité, au titre et au paragraphe ajoutés qui, très souvent, portent des indices permettant de dégager une interprétation. Il ne faut surtout pas appréhender cet exercice, mais plutôt faire confiance que nous avons mis notre inconscient au travail en répondant aux questions précédentes et que tout est donc en place pour obtenir des résultats.

- Décider d'une action à faire après analyse et interprétation, afin de concrétiser le travail de l'inconscient.

Cette méthode est simple et efficace. Au début, la difficulté paraît grande, mais la pratique constante amène rapidement à une progression intéressante.

Le décodage de ses *propres* symboles demande de l'intérêt, de l'attention et de la constance. Il ne faut pas se laisser impressionner par leur multitude qui, souvent, semble sans aucun rapport. Il s'agit tout simplement de les écrire et de laisser agir notre réflexion, notre logique et, plus particulièrement, notre intuition. Les livres qui donnent des définitions toutes faites sont à éviter. Aucun symbole n'a la même signification pour quiconque y rêve; ce sont nos seules références: éducation, culture, expérience de vie, circonstances émotives, état de santé et réalité présente qui en permettent une *juste* analyse. Il faut comprendre par là que nous sommes les seuls analystes de nos rêves. Tous les commentaires que peuvent faire les autres (et ils sont bien utiles parfois), au cours d'une conversation concernant nos rêves, ne sont là que pour nous faire réfléchir à *notre façon* de voir et de comprendre *nos rêves*.

Il y a cependant des périodes où nous nous rappelons très bien nos rêves et d'autres périodes où la mémoire nous fait défaut. Cela est assez simple à saisir: ces moments correspondent dans notre vie à nos phases d'introversion et d'extraversion.

En y portant attention, nous remarquons que les périodes de questionnement, où nous sommes en recherche de solutions et de réponses, correspondent aux moments où nous nous rappelons nos rêves, car nous avons besoin des messages que nous envoie notre inconscient. Et les périodes où nous nous en rappelons moins correspondent aux moments où, dans notre vie, nous sommes en train de mettre en action ce que notre phase d'introversion nous a donné comme solutions.

Car oui, les rêves donnent des solutions; il suffit tout simplement de le demander. Vous avez un problème et cherchez une solution? Demandez à votre inconscient, qui est en contact direct avec votre essence, votre nature profonde et votre réalité, de s'occuper de cela pour vous. Formulez bien votre besoin au coucher et, vous verrez, il fera des merveilles en vous répondant par vos rêves.

Nous ne sommes jamais seuls,
notre inconscient veille!

J'utilise cet espace pour noter la phrase
de ce chapitre qui a attiré mon attention.

CHAPITRE XI

Créer

En chacun de nous sommeille un créateur. Ce côté de notre personnalité est souvent logé tout au fond de notre inconscient et il attend patiemment que nous l'amenions à la vie, que nous lui donnions sa place au soleil.

Le moyen de faire revivre ce créateur en nous passe par la création.

Quand je dis création, je fais allusion à toutes ces formes d'art qui permettent une expression spontanée de nos émotions. Que nous sculptions, peignions, écrivions, bricolions ou improvisions en musique ou en théâtre, point n'est besoin de vraiment savoir quoi faire et comment le faire. L'essentiel est de nous y adonner simplement, en toute confiance et de nous laisser guider par notre imagination qui puise dans l'immense réservoir de notre inconscient les images et les symboles qui nous sont propres et qui forment notre potentiel créateur. Cela veut dire qu'en mettant l'art et nos émotions à contribution, nous entrons inconsciemment en relation avec nous-mêmes. N'est-ce pas merveilleux !

Créer ainsi constitue une véritable introspection et, par là même, une véritable thérapie, car même si on ne peut toujours en qualifier ou en quantifier la portée, même si on ne peut toujours en analyser concrètement les résultats, elle est efficace par l'effet qu'elle produit. Elle procure détente, satisfaction, spontanéité et enthousiasme, en passant par une meilleure connaissance et une meilleure estime de nous-mêmes, sans oublier l'amélioration de notre équilibre.

Prendre le temps de nous installer et de laisser monter ce qui veut bien se manifester à notre conscient est, en soi, une expérience fascinante et les résultats sont d'autant plus fascinants qu'en plus de nous libérer de nous-mêmes (comme si une sorte de ménage intérieur se faisait sans que nous ayons à passer le balai), cela permet d'entrer en contact avec l'enfant en nous, celui qui ne demande qu'à vivre, en laissant l'adulte que nous sommes apprivoiser sa créativité. Notre enfant intérieur a besoin de cet espace d'expression, car cela le libère des peurs dont il est trop souvent le porteur, menaçant ainsi notre capacité de vivre pleinement notre vie et nous transformant trop souvent en survivant.

Dans la recherche de l'équilibre, le processus de création est très important. Il met en action l'hémisphère droit du cerveau et ses capacités d'intuition et d'imagination, trop souvent laissées de côté au profit du développement du rationnel, soit l'hémisphère gauche du cerveau, auquel nos sociétés contemporaines accordent beaucoup d'importance. Non pas que je dénigre le rationnel, mais il me semble important d'équilibrer l'utilisation de nos deux hémisphères pour augmenter nos capacités d'équilibre et, par là même, de santé, de mieux-être et de mieux-vivre.

Évidemment, vous aurez compris que le but premier d'installer un processus de création dans votre vie n'est pas d'en faire un métier ou une profession. Si, de surcroît, cela se développait, tant mieux, mais il faut plutôt le comprendre et l'utiliser comme un moyen d'atteindre l'inconscient et comme un outil d'épanouissement et d'équilibre. Il doit demeurer sans contrainte, être pratiqué sans prétention et dans le plaisir. Il est nécessaire pour cela d'abandonner les réflexions du genre: «Je ne sais pas comment faire!» ou «Je n'ai jamais eu de talent pour ce genre de choses!» qui sont souvent inspirées par le mental qui, lui, prend plaisir à mettre l'accent sur la peur du jugement et sur le manque de confiance en soi. Ces réflexions sont un frein au processus de création qui demande plutôt de lâcher prise – eh oui, encore une fois le lâcher-prise – sur une façon de faire, d'agir ou d'être et d'oser aller à la rencontre d'une autre facette de nous-mêmes, celle qui est riche de nos expériences, de nos émotions et de nos talents inexploités.

Nos créations peuvent demeurer secrètes ou être amenées au grand jour, à nous de décider. Car notre création, c'est nous et point n'est besoin du jugement des autres pour savoir vraiment qui nous sommes et pour nous apprécier tels que nous sommes.

Et ce n'est pas tout, là où il y a création, il y a nécessairement éveil de la créativité. Je devrais plutôt dire *réveil*, car l'imagination débordante qui foisonne dans nos rêves est une preuve que notre créativité est un état naturel. Cependant, nous l'avons, pour la plupart, refoulée en devenant adulte ou encore remplacée par l'imagination que déploie notre société de consommation pour inventer toutes sortes de façons de nous faciliter la vie, nous amputant de notre propre pouvoir d'invention et de création.

Il faut donc retrouver ce bon vieux système D qui n'est nul autre que la débrouillardise que nous mettons à contribution pour trouver des solutions chaque fois que c'est nécessaire. Cette débrouillardise, c'est notre créativité. Il faut lui faire confiance et toujours nous rappeler qu'elle est le reflet de notre personnalité. C'est par elle que nous pouvons quotidiennement nous distinguer, nous réaliser, nous épanouir dans tous les domaines de l'activité humaine.

Cuisiner, réparer des voitures, tricoter, administrer un hôpital, et que sais-je encore, sont autant d'actes par lesquels nous pouvons mettre en œuvre notre créativité. Il suffit de nous faire confiance et de laisser arriver au conscient ce que notre inconscient a emmagasiné d'éléments propres à notre pouvoir d'inventer, de créer et d'imaginer.

Nous laisser aller ainsi à inventer, en travaillant ou en s'amusant par exemple, permet de réaliser à quel point la créativité constitue une ressource importante pour trouver des solutions à nos problèmes. Elle est là, toujours prête à venir à notre secours quand l'argent et les solutions habituellement et couramment utilisées ne sont d'aucune efficacité. Pourquoi ne pas lui faire confiance?

Il suffit d'un peu de créativité pour tout transformer. Mettons-la à l'épreuve et donnons-lui la responsabilité de faire de nos journées des moments de magie et de nouveautés. Elle y arrivera, vous verrez!

La création, par ses vertus d'introspection, et la créativité, par ses vertus d'extraversion, sont complémentaires et permettent à l'individu qui les développe et qui les utilise quotidiennement de se révéler à lui-même.

Créer: faire, former, composer, concevoir, constituer, construire, élaborer, enfanter, engendrer, établir, fabriquer, façonner, fonder, imaginer, instaurer, instituer, inventer, organiser, procréer, produire, causer, occasionner, susciter.

Dictionnaire des synonymes (Éditions Fidès, p. 178)

J'utilise cet espace pour noter la phrase de ce chapitre qui a attiré mon attention.

Ensuite connaître les outils et les moyens que nous possédons pour avancer

Chapitre XII

Écrire son journal

Tant de gens ont écrit leur journal intime et en ont décrit l'expérience comme libératrice et enrichissante qu'on ne peut mettre ces constats en doute. De plus, cette méthode est d'une telle puissance qu'il est difficile de croire qu'elle soit si simple et, en même temps, si efficace.

Cette technique qui consiste à consigner, au jour le jour, dans un cahier dont nous seuls connaissons l'existence, nos faits et gestes et le flot d'émotions qu'ils entraînent, est un des plus simples moyens d'avoir accès à l'inconscient. Par la pratique assidue de cette technique, on ouvre constamment de nouvelles portes sur l'inconscient, comme on ouvre les portes d'une maison que l'on veut mieux connaître. Cette technique, c'est ni plus ni moins qu'une porte ouverte sur soi.

Entamer une conversation avec notre journal, comme s'il était un ami ou un confident qui, lui, a l'extraordinaire qualité de ne jamais porter de jugements, nous permet d'oser écrire ce qu'il ne nous viendrait même pas à l'idée de dire ouvertement, même dans le cabinet d'un thérapeute. Quand on arrive à exprimer ses émotions profondes, quand on réussit, jour après jour, à mettre sur papier tout ce que l'on ressent, on ne peut faire autrement que de conscientiser ses blocages, ses travers, ses passions et ses qualités. En somme, on prend conscience de *qui* on est.

Quand on écrit sans retenue, parce qu'on sait qu'on ne sera pas lu, tout est permis, l'imagination est débridée, l'hémisphère droit du cerveau est en action et l'irrationnel a toute la place. On va à la rencontre de ses fantasmes, de ses peurs, de ses désirs, de ses fantômes. On se laisse porter par les mots, faisant ainsi un bilan quotidien, ne mettant rien de côté et abordant tout ce qui a besoin d'attention. On s'occupe de soi, quoi! N'est-ce pas là un merveilleux moyen de se connaître?

Une condition est cependant essentielle à la réussite de la technique, c'est l'honnêteté envers soi-même. Si on écrit en étant témoin de ses mots, comme si on jugeait de la situation, on risque de se tromper soi-même et de se tromper sur soi-même. Dommage, car le coup n'en aura pas valu la chandelle. Il faut être entier aux émotions que l'on ressent, avoir de l'estime pour la personne que l'on est ainsi que pour le chemin parcouru et avoir pleine confiance en ce qui viendra.

Écrire son journal intime, c'est entrer en thérapie. En effet, cette technique apporte soulagement, espoir, équilibre, connaissance et estime de soi. Tant mieux si elle fait des écrivains, mais là n'est pas le but.

De plus, à lire et à relire son journal au fil des ans, on prend conscience de son évolution, du chemin que l'on a parcouru et de celui à parcourir. Nous prenons conscience des événements que la vie met sur notre route pour nous amener à lâcher prise. Eh oui, encore le lâcher-prise mais, au risque de me répéter, j'ose dire que celui-ci est l'élément indispensable dans une démarche de développement personnel.

Cette technique peut nous amener plus loin que la simple introspection. En mettant notre créativité à contribution et en l'utilisant comme moteur, nous pouvons, par le biais du journal intime, créer une méthode simple pour trouver des solutions à nos problèmes.

Voici la façon de faire

* Retourner au problème, tel que décrit dans le journal, avec tous les empêchements et toutes les émotions qui y sont reliés, et ajouter

les solutions qui nous viennent spontanément à l'esprit pour les régler.

- Nous amuser à laisser déborder notre imagination pour aller au-delà du rationnel et du fonctionnel dans la recherche de solutions, même farfelues, et éliminer toute censure. Après tout, c'est notre journal.

- Retenir une solution et élaborer ce qu'elle peut nous inspirer de nouvelles choses à amener et à réaliser dans notre vie.

- Nous donner le but d'aller au-delà de la solution pour réaliser au moins *une* des nouvelles activités qui pourraient en découler.

En formulant ainsi de nouvelles possibilités, nous créons l'éventualité qu'elles se produisent et qu'elles en amènent d'autres, comme un mouvement sans fin vers des buts toujours plus élevés.

Par contre, si, en état de crise alors que nous écrivons de façon débridée et incohérente, nous sommes incapables d'arriver à mettre le doigt sur le problème et encore moins sur la solution, nous pouvons, au contraire, essayer de réduire notre champ d'action par un exercice très simple. Celui-ci consiste à écrire ce qui nous vient spontanément à l'esprit de la main gauche pour la plupart d'entre nous, ou de la main droite pour les gauchers. De cette façon, il est impossible de nous perdre dans les détails; il se fait une sélection naturelle des mots qui nous mènent nécessairement à l'essentiel. La solution est peut-être, pour certains, au bout de cette façon de faire. À vous de vérifier.

Nos possibilités d'avancer et d'évoluer sont sans limites. Que nous utilisions le journal intime ou un autre moyen pour arriver à notre épanouissement, la constance avec laquelle nous le pratiquons est extrêmement importante. La persévérance, la concentration et la foi que nous mettons à sa pratique sont autant de garanties de réussite que le moyen lui-même. Même si nous n'avons pas conscience que tout ce travail s'accomplit, notre inconscient, lui, n'en perd pas un mot. Il traite

l'information et nous en fait profiter au moment où nous nous y atten-
dons le moins.

On est souvent enclin à tout changer :
vêtements, coiffure, appartement, travail,
sauf soi-même. Curieux, n'est-ce pas ?

J'utilise cet espace pour noter la phrase
de ce chapitre qui a attiré mon attention.

Ensuite connaître les outils et les moyens que nous possédons pour avancer

Chapitre XIII

Programmer ses pensées

Notre cerveau a des capacités illimitées, pourtant, nous n'en utilisons que 10 %. Il est donc difficile, mais en même temps enthousiasmant, d'essayer d'imaginer ses possibilités si nous l'utilisions à 100 %.

Le cerveau est le siège de tout le fonctionnement du corps humain, y compris le siège de la pensée ; c'est par la pensée que ses capacités peuvent, de plus en plus, s'élaborer et s'améliorer.

« La pensée crée ! » Eh oui, la pensée crée et c'est de cette pensée et de la parole qui en découle, car cette dernière crée aussi, que la technique de programmation utilise pour arriver à ses fins. Sans entrer dans le détail de la pensée positive, de la visualisation ou de l'imagerie mentale utilisée par les sportifs, entre autres, et qui sont autant d'exemples illustrant très bien les merveilles de la pensée qui crée, je m'en tiendrai à une seule : la programmation de la pensée.

La programmation de la pensée utilise le cerveau comme le fait l'ordinateur. Par exemple, quand on demande à ce dernier une réponse à un calcul compliqué, on lui procure les données et il s'occupe de l'opération, n'est-ce pas ? Il en va de même du cerveau ; on lui indique les résultats que l'on veut obtenir, on lui fournit les données et il s'occupe de mettre en branle le mécanisme qui produit le résultat. La pensée agit alors comme opérateur et en formulant clairement la demande à l'ordinateur, donc au cerveau qui puise dans sa banque d'images, d'émotions, d'expériences, de références et de connaissances (en l'occurrence l'inconscient), il actionne la programmation qui met en branle le mécanisme. Cela veut dire qu'il cherche, comme un *scanner*, et trouve en nous la motivation inconsciente qui mène aux résultats escomptés.

La programmation de la pensée existe depuis de très nombreuses années et la technique, à quelques détails près, issus de mon expérience personnelle, est pratiquée par de plus en plus d'individus.

Sachons d'abord qu'il est scientifiquement prouvé que le processus de programmation et de déprogrammation du cerveau a besoin de 21 jours pour donner des résultats. Quant à la pratique elle-même, voilà comment elle s'applique.

- Être dans un état d'esprit propice à la réussite de la programmation, c'est-à-dire déterminer que l'on veut utiliser ce moyen, y croire, sentir que l'on mérite ce que l'on veut obtenir et, surtout, vouloir que les choses changent. Ce n'est donc pas tout d'organiser sa pensée et de l'intellectualiser, il faut qu'elle descende et devienne viscérale. Notre pensée n'est alors plus un désir, mais une réalité. Elle est là, elle est nôtre, et nous sommes habités par la certitude du résultat.

- Réfléchir sérieusement à ce qui nous préoccupe. Tous les problèmes peuvent être considérés. La seule limite à la programmation est notre bon jugement à ne souhaiter, pour nous, que ce qui s'inscrit dans notre démarche d'équilibre et de croissance. Ensuite, arrêter notre pensée sur le résultat à obtenir, par exemple ;
  - *Ce qui me préoccupe:* « Je ne me rappelle pas mes rêves. »
  - *Ce que je veux obtenir:* « Je veux me rappeler mes rêves. »
  - Ou encore : « La nature me manque », « Je veux trouver une façon de me rapprocher de la nature » ; « Je suis trop préoccupé par demain », « Je veux vivre, ici et maintenant ».

- Composer la programmation. Elle doit toujours être composée positivement et au présent, car une programmation formulée au futur

Ensuite connaître les outils et les moyens que nous possédons pour avancer

fera toujours du résultat une chose à venir. Notre programmation, c'est nous ; ne laissons personne la composer pour nous, car l'inconscient aurait alors de la difficulté à trouver la motivation intérieure propre à *notre* but à atteindre. Puis, écrire celle-ci sur une feuille de papier, par exemple : « Je me rappelle mes rêves [on pourrait ajouter] et je me réveille pour en prendre note », « Plusieurs possibilités de me rapprocher de la nature s'offrent à moi [on pourrait ajouter] et j'en profite », « Je vis pleinement le moment présent [on pourrait ajouter] et j'apprécie ce que la vie m'offre à vivre ».

- Dire la phrase composée à haute voix pour que le cerveau enregistre le message ; faites-le au moment qui vous semblera opportun. En ce qui me concerne, je considère que la phase d'endormissement, donc la phase I du sommeil (voir à ce sujet le chapitre XIX, « Le sommeil pour récupérer »), est le moment idéal pour se concentrer sur une programmation, car la détente qui se produit pendant cette phase et la concentration qui y est possible augmentent les chances de réussite. Ensuite, répéter celle-ci trois fois de suite, une fois par jour, pendant 21 jours.

- Éviter d'orienter la pensée vers le problème ou les résultats escomptés, en dehors du moment quotidien où la phrase est dite.

  Laisser travailler le cerveau et l'inconscient, ne pas troubler leur travail par un conscient angoissé, dans l'attente, et qui veut tout contrôler.

- Profiter des résultats.

  Si, au bout de 21 jours, les résultats ne semblent pas concrets, recommencez la programmation pour un autre 21 jours, car il se peut que votre rationnel sceptique ait opéré des résistances malgré votre bonne volonté.

  La résistance est très souvent liée à la peur de la réussite, car, sans problème, nous n'avons plus d'excuses pour rester là à nous plaindre. Réussir à régler notre problème nous met devant l'obligation d'avancer, mais alors où aller et quoi faire ? C'est angoissant, car nous n'y avions jamais pensé, trop occupés que nous étions à patauger et à entretenir le problème.

Depuis notre naissance, notre cerveau est conditionné par tout ce que nous avons vécu émotionnellement, par tout ce que notre éducation nous a appris, par tout ce que la société, la religion, et que sais-je encore, ont tenté de nous inculquer. Ces conditionnements font que nous nous comportons d'une manière qui nous est spécifique, mais pas toujours de la façon dont nous souhaiterions. Heureusement, ces conditionnements sont comme des programmes d'ordinateur et comme ceux-ci, ils sont accessibles. Toutes sortes de moyens, comme ceux dont je parle dans ce livre, permettent d'y avoir accès : d'abord pour les conscientiser et les comprendre, ensuite pour les désamorcer et les déprogrammer. La déprogrammation s'utilise, entre autres, pour nous départir de tout ce qui nous immobilise, pour nous débarrasser de nos mauvaises habitudes, comme fumer ou compenser par la nourriture.

La technique de déprogrammation est la même que celle de la programmation : « Je maigris, car je mange uniquement ce dont j'ai besoin et ce qui est bon pour ma santé », « Je cesse de fumer, car en tout temps la cigarette disparaît de mes habitudes ».

Cette déprogrammation de 21 jours doit être suivie d'une programmation positive de 21 jours : « Je suis mince, je pèse (tant) de kilos », « Je suis en santé et j'ai de l'argent car fumer fait partie de mon passé ».

En plus des résultats concrets que nous obtenons d'une programmation, nous avons, encore une fois, l'occasion d'apprendre à lâcher prise en laissant le champ libre à l'action de notre cerveau et de notre inconscient. De plus, nous voyons à notre équilibre, car autant la pratique de la technique est de l'ordre de l'hémisphère gauche du cerveau, autant les résultats sont issus du travail de l'hémisphère droit.

Quand on a pratiqué la technique de la programmation et qu'on en a suffisamment observé les résultats, on comprend aisément que si la pensée crée du positif, elle peut aussi créer du négatif. Comme on ne peut s'empêcher de penser, il faut se demander : « Qu'est-ce que je crée ?

Ensuite connaître les outils et les moyens que nous possédons pour avancer

Des soucis et des tourments, ou des occasions d'avancer et de m'élever?» Nos pensées négatives nous desservent aussi sûrement qu'un pouvoir se retourne, un jour ou l'autre, contre quiconque l'utilise à mauvais escient.

La première programmation à composer serait peut-être alors d'être positif en tout temps, car cela augmente à l'infini nos chances de bien-être. Toutefois, au-delà des résultats tangibles et matériels qui nous permettent de vérifier, à court terme, l'efficacité de cette technique, l'intérêt de la programmation à long terme est de nous permettre d'obtenir de plus en plus de résultats sur les différents plans de notre évolution.

Rien n'est compliqué et difficile,
sinon en pensée!

J'utilise cet espace pour noter la phrase
de ce chapitre qui a attiré mon attention.

Je veux arrêter les vérifications compulsives
Je veux trouver qui je suis et
vivre ce pourquoi je suis venue sur terre
(librement)

Chapitre XIV

Écouter son intuition

L'intuition est la manifestation impulsive de notre nature profonde, soutenue par les références de l'inconscient. Nous avons tous de l'intuition! Elle peut être plus ou moins développée, selon notre façon de penser et d'agir, ou refoulée, selon notre crainte à l'exprimer. Toutefois, une chose est certaine, elle est là comme un joyau qui ne demande qu'à être utilisé au maximum.

Cette intuition est précieuse, elle nous facilite la vie. Elle est ce fameux sixième sens qui permet, entre autres, de nous rendre compte que quelqu'un va mal sans qu'il l'ait dit ou de sentir quand notre enfant est malade ou que notre voiture a besoin d'être réparée, avant même qu'ils aient donné des signes concrets de leurs malaises. C'est aussi l'intuition qui nous fait dire qui téléphone, avant de décrocher le récepteur.

L'intuition, c'est ce qui nous permet de faire des choix, sans arguments rationnels pour appuyer notre décision, uniquement parce que nous sentons que c'est cela que nous devons faire ou que c'est là que nous devons aller.

L'intuition, c'est une certitude, une vérité que l'on porte en soi, sans vraiment savoir d'où cela vient et pourquoi on l'éprouve.

L'intuition était un sens très développé et respecté chez les primitifs; ceux-ci ne se perdaient pas dans l'analyse et la censure, ils écoutaient ce qu'ils ressentaient et agissaient en conséquence. C'est au contact de la civilisation et avec l'avènement des sciences exactes, par exemple, que l'intuition a fait place au rationnel et à la science qui veut tout comprendre, tout voir et tout prouver.

Heureusement, les choses changent et l'intuition, qui a longtemps été une «affaire de femme» (tout simplement parce que les femmes sont, en général, plus près de ce qu'elles ressentent), est maintenant comprise et admise comme un élément qu'il faut à tout prix intégrer dans une façon de vivre équilibrée.

L'intuition est un des moyens d'expression de l'hémisphère droit du cerveau. Quand nous lui donnons libre cours, nous permettons à cet hémisphère de se développer et de travailler à notre équilibre et à notre mieux-être.

Il est heureux de constater, par exemple, que bon nombre de découvertes scientifiques sont faites parce que les chercheurs ont, au départ, l'intuition que c'est par là qu'il faut chercher. L'hémisphère droit actionne le mécanisme grâce à l'intuition, et l'hémisphère gauche enclenche la démarche.

L'exemple du coureur automobile ou du joueur de hockey qui, pendant des heures et des heures, étudie une technique pour la mettre en pratique et qui fait confiance à son intuition, pour sentir la piste ou le jeu, au moment de la compétition, illustre aussi très bien le travail des deux hémisphères du cerveau et le précieux concours de l'intuition dans l'obtention des résultats escomptés.

Il est important de retrouver, d'éveiller et de développer cette intuition que nous possédons tous. Établir le contact avec son intuition, c'est accomplir un acte d'amour envers soi-même. En effet, il faut s'aimer beaucoup pour s'écouter et réagir à ce que l'on ressent. C'est malheureusement trop souvent par manque d'estime et de confiance en soi que nous calquons nos agissements sur les autres au détriment de ce que nous ressentons véritablement.

La mauvaise estime de soi n'est, parfois, que le résultat d'une mauvaise perception de nous-mêmes. Un des bons moyens d'entrer en contact avec la réelle image de soi consiste à écrire son curriculum vitæ, le plus simplement et le plus honnêtement du monde. D'ailleurs, c'est un exercice que l'on peut répéter régulièrement, ne serait-ce que pour mettre à jour cette image. Plusieurs individus ayant mis cette méthode en pratique ont été totalement surpris en constatant tout ce qu'ils avaient entrepris et combien de choses ils avaient menées à bien. Cette expérience, selon eux, les a réellement mis sur le chemin de l'estime d'eux-mêmes.

L'exercice consiste à noter succinctement, une ligne pour chaque événement, tout ce qui a été fait de *concret* au cours de notre vie. Partir de la petite enfance jusqu'à aujourd'hui et ne rien omettre de ce que notre mémoire a à nous suggérer, même si cela nous semble anodin. La construction d'un bateau avec trois morceaux de bois à l'âge de cinq ans a autant de valeur et d'importance que les enfants que nous avons mis au monde ou que le voyage que nous avons organisé avec tant de plaisir et de disponibilité. Il faut y inclure les cours suivis, les emplois occupés, les sports pratiqués et les talents acquis au cours de ces années. Essayez-le... vous ne regretterez pas cette expérience !

Quant à la confiance en soi, elle s'acquiert et s'augmente en donnant de plus en plus de place à l'imprévu, dans tout ce que nous entreprenons. Même s'il est normal de préparer un agenda ou un plan de vacances par exemple, il faut se faire suffisamment confiance pour permettre à notre intuition de trouver sa place au programme. Prenons un exemple : si nous nous rendons toutes les fins de semaine à la campagne, ce qui est logique, c'est de prendre l'autoroute pour y être le plus rapidement possible, n'est-ce pas ? Cependant, il se peut qu'un jour l'envie nous prenne d'emprunter une route secondaire ; ce sera plus long, mais qu'importe... Voilà l'intuition à l'œuvre et, ô surprise, en cours de route, nous arrivons devant la maison de nos rêves et, comble de bonheur, elle est à vendre. Ou encore, nous découvrons, chez un antiquaire, la lampe ou la chaise que nous cherchions depuis longtemps.

Quel heureux hasard, direz-vous. Détrompez-vous, il n'y a pas de hasard. Nous nous sommes tout simplement laissé guider vers ce qui était déjà là, pour nous. Pourquoi? Parce que nous avons laissé le champ libre à notre intuition.

Écouter son intuition, c'est aller à l'aventure. Elle nous fait profiter de la vie et nous procure le plaisir et la joie de l'enfant qui sait encore être près de ce qu'il ressent.

Écouter son intuition, c'est aller de l'avant. Elle nous mène toujours là où il faut aller en utilisant l'impulsion, une idée qui se manifeste de façon soudaine, une sensation ou un sentiment.

Écouter son intuition, c'est aller vers une plus grande réalisation de soi. Sous l'impulsion de notre inconscient et de notre nature profonde, notre intuition nous montre toujours la route à suivre.

«Ce n'est pas évident!» direz-vous. En effet, ce n'est pas évident mais c'est vrai, c'est là et c'est enthousiasmant de penser que nous pouvons dès maintenant en faire usage. Laissons notre guide intérieur, qui a les réponses, nous parler par l'intuition.

Des façons de faire et de penser, très simples, pratiquées au quotidien, permettent d'écouter ce qui ne demande qu'à s'exprimer; en voici quelques-unes.

- Une fois par jour, prendre le temps de jouer pour retrouver le plaisir, la détente et la spontanéité qui sont des conditions essentielles au développement de l'intuition.

- Une fois par jour, essayer d'écouter une intuition et essayer d'agir en conséquence de ce qui est ressenti.

- Une fois par jour, essayer d'éliminer une chose que nous nous obligeons à faire et remplacer par quelque chose que nous désirons vraiment faire.

- À tout moment, s'arrêter et se demander: «Mon intuition est-elle présentement en train de me parler?» ou «Mon mental, par insécurité et par peur de l'inconnu, n'est-il pas présentement en train de me suggérer des phrases telles que : "N'y va pas, tu vas te perdre» et "N'essaie pas, tu ne seras pas capable", uniquement pour m'empêcher d'entrer en contact avec mon intuition?»

- Éloigner le plus possible la frustration de notre vie, car celle-ci alimente le sentiment d'impuissance et, par là, met un frein à l'intuition.

- Retourner dans le passé et retracer les moments où notre intuition nous a menés au succès, au plaisir et à la découverte.

De plus, devant une décision à prendre, l'intuition peut nous être d'un grand secours. Il existe une manière concrète d'obtenir les réponses à nos questions et d'en vérifier la véracité.

- Se concentrer sur la question pour laquelle nous souhaitons trouver une réponse, par exemple : «J'ai une offre pour changer de travail : qu'est-ce que je fais? Je reste ou je pars?»

- Écrire différents scénarios avec le positif et le négatif de chacun, par exemple : «Si je reste, qu'arrive-t-il?», «Si j'accepte ce nouveau travail, qu'est-ce qui arrivera?»

- Tout cela est évidemment technique, c'est l'hémisphère gauche du cerveau qui joue son rôle; mais pour faire entrer l'intuition en jeu, donc l'hémisphère droit, il s'agit, tout au long de l'exercice, de repérer, au niveau du plexus solaire, la sensation que nous éprouvons et d'observer si, à l'énoncé d'un des scénarios, notre plexus solaire se resserre et fait mal ou si, au contraire, il s'ouvre en amenant un sourire sur nos lèvres. C'est cette sensation de bien-être qui nous dicte la réponse. Inutile alors de nous faire dire par quiconque ce qu'il faut faire. Nous venons d'acquérir la certitude de ce qui est mieux pour nous. Écoutons cela et répondons à tous les «Oui, mais...» qui nous viennent à l'esprit par : «Je le fais parce que je veux le faire et j'en assume les conséquences.»

- Réécrire alors tous les positifs et les négatifs qui pourraient découler de la décision prise et en assumer les conséquences. Quand nos actes sont le résultat de choix faits en toute connaissance de cause, les conséquences sont beaucoup plus faciles à assumer, croyez-moi!

Si l'exercice des scénarios semble compliqué pour certains, quoi qu'il soit efficace presque à 90 %, on peut utiliser cet exercice fort simple (voir aussi à ce sujet le chapitre XII, «Écrire son journal») qui permet d'accéder rapidement à l'essentiel. Prendre un crayon, formuler la question ou énoncer le problème qui nous préoccupe et répondre en utilisant la main avec laquelle nous n'écrivons pas habituellement. C'est une façon de faire qui met en contact direct avec l'hémisphère droit, celui de l'intuition qui oriente la réponse.

En somme, c'est la permission que nous nous donnons d'écouter ce que nous ressentons qui renforce notre confiance en nous et en ce que la vie nous réserve.

Enfin, pour arriver à développer notre intuition au maximum, il est essentiel d'accompagner notre démarche d'une bonne dose de lâcher-prise. Celui-ci est primordial, il permet de ne pas prendre nos désirs pour des intuitions. Pour arriver à faire la différence entre ces deux états, il faut examiner de près la *volonté* et l'*acharnement* que nous mettons souvent à vouloir obtenir tout ce que nous désirons. Quand nous désirons fortement quelque chose, la sensation que nous avons crée une attente, un besoin, une tension qui n'ont rien à voir avec la certitude tranquille émanant de l'impression instantanée de l'intuition. S'entêter à vouloir ouvrir des portes fermées, parce que l'on prend ses désirs pour des intuitions, c'est s'empêcher de voir la porte ouverte à côté.

*Le temps se charge de nous ouvrir les portes,
donnons-lui donc le temps !*

*J'utilise cet espace pour noter la phrase
de ce chapitre qui a attiré mon attention.*

CHAPITRE XV

Entendre son corps

Le corps est le véhicule le plus tangible que l'inconscient utilise pour nous parler.

En effet, notre corps est une ressource indispensable pour sentir l'harmonie et l'équilibre. Notre corps possède cinq sens et ceux-ci constituent les portes d'entrée de la vie en nous. C'est par les cinq sens que nous jouissons, que nous vibrons, que nous savourons, que nous contemplons, que nous grandissons, que nous progressons, que nous apprenons à vivre, que nous nous épanouissons. Quand nos cinq sens ne sont pas sollicités pour vivre du beau, nous sommes en état de survie. C'est ainsi que le corps souffre, pleure, éprouve malaise et mal-être, qu'il est malade et périclite. Manifestement, c'est notre corps qui nous avertit du déséquilibre et de la dysharmonie.

Entendre son corps, mettre ses sens à contribution et réagir à ses signaux, positifs et négatifs, sont donc des exercices à pratiquer constamment pour demeurer sur la voie de l'équilibre.

Quand l'inconscient parle par le corps, il nous offre la possibilité de capter notre vision intérieure, l'état de nos dimensions émotive, mentale et spirituelle. Il nous met en situation de raccorder corps et esprit.

Loin de moi l'idée d'affirmer ici que toutes les maladies sont psychosomatiques. C'est un terrain controversé et sur lequel trop de découvertes sont encore à venir pour que nous puissions être à ce point catégoriques. Cependant, je tiens pour preuve les paroles d'un contemporain célèbre médecin, chirurgien, biologiste, philosophe du comportement animal et humain, Henri Laborit: «Les problèmes du corps commencent par les problèmes de l'esprit.» Cela veut dire que bon nombre de malaises physiques que nous ressentons sont d'origine psychosomatique, c'est-à-dire que des chocs émotionnels ou affectifs peuvent être suffisamment grands pour drainer une somme d'énergie telle que l'organisme sera affaibli au point d'en ressentir des malaises. Ce sont ces malaises qu'il faut «entendre» et auxquels il faut réagir pour éviter que cela dégénère en problèmes de santé chroniques ou en maladies.

Comme le but de ce livre est d'attirer l'attention sur des moyens que nous possédons et des actions que nous pouvons faire de façon autonome, il ne s'agira ici que de mettre en lumière le processus que notre inconscient emploie pour nous signaler qu'il y a déséquilibre et dysharmonie entre le corps et l'esprit, de comprendre nos résistances à l'écouter et de créer des moyens de réagir à la situation.

Ainsi, l'inconscient, qui a précédemment essayé, sans succès, de nous contacter, entre autres par nos rêves, doit utiliser l'ultime moyen qu'il a en sa possession pour attirer notre attention: notre corps, et ses malaises qui se répètent et qui sont autant de signaux d'alarme que nous refusons souvent d'entendre sous toutes sortes de prétextes. Il est tellement difficile d'abandonner des comportements qui, trop souvent, font notre affaire et derrière lesquels nous nous abritons pour ne pas avoir à travailler sur nous.

Abandonner la solution que nous avons trouvée de faire pitié, en étant constamment mal en point, est difficile à effectuer, car comment pourrons-nous alors attirer l'attention?

Abandonner la solution que nous avons trouvée de nous punir nous-mêmes, en étant constamment indisposés, est difficile à effectuer, car comment pourrons-nous atténuer notre sentiment de culpabilité?

Abandonner la solution que nous avons trouvée de devenir souffrants, quand les responsabilités sont trop lourdes, est difficile à effectuer, car comment trouverons-nous la force de les affronter?

Abandonner la solution que nous avons trouvée de ne jamais nous occuper de nos malaises, parce que nous n'en valons pas la peine, est aussi difficile à effectuer, car comment arriverons-nous à bâtir suffisamment d'estime de nous-mêmes pour prendre le temps de nous écouter et de nous soigner ?

Il est difficile de lutter contre ce que notre éducation nous a inculqué. Comment nous justifier devant notre entourage quand nous prenons le temps de nous occuper de nous sans *raison valable* ou *apparente*.

Il est tout aussi difficile de lutter contre ce que la société nous a inculqué. Comment défaire la pensée qu'il faut être *vraiment malade* pour arrêter de nous surpasser ?

Toutes les raisons sont bonnes, et celle que nous avons trouvée est sûrement la meilleure !

Quelle que soit notre excuse, nous vivons de toute façon des situations et des problèmes qui ont des impacts psychiques qui, eux, ont des impacts physiques sur nous. Le corps et l'esprit font un, et c'est ce « un » qui est touché et qu'il faut considérer quand nous vivons un choc. Cependant, les individus réagissent différemment aux chocs qu'ils subissent ; cela dépend beaucoup de leur état de vulnérabilité et de tolérance et de ce qu'ils ont emmagasiné et enregistré de positif ou de négatif au cours de leur existence. Mais quel que soit le degré de la dysharmonie, du déséquilibre ou du malaise, il est certain que lorsque c'est là, cela demande à être entendu.

« L'entendre » veut dire être présent à notre corps et être constant à lui donner ce qu'il demande. Point n'est besoin de décoder le malaise de façon rationnelle et technique ; point n'est besoin d'avoir des réponses toutes faites et des recettes miracles. En effet, comme pour l'analyse des rêves, nous sommes la seule personne la plus en mesure de savoir réellement que cela ne va pas et pourquoi cela ne va pas, à condition d'accepter de voir la réalité en face.

Arrêtons pour un moment de nous activer, d'employer des moyens pour nous empêcher de réfléchir à la situation. L'état de repos dans lequel le corps demande à être quand il se sent mal favorise l'émergence de l'intuition qui aide à cerner le ressenti et la cause du malaise. Ainsi, faire face à ce qui monte et prendre le temps de réfléchir à ce qu'il faut faire pour que disparaissent le malaise et la cause de celui-ci n'est possible que dans l'absence momentanée d'actions et de sons, donc au repos et dans le silence. Dans ces circonstances, l'exercice qui consiste à observer les réactions de notre plexus solaire pour guider notre prise de conscience (tel que nous l'avons vu au chapitre précédent) est idéal pour trouver la réponse.

De plus, entendre son corps parler est un des premiers moyens à employer dans une démarche d'estime de soi, car cela nous offre l'occasion de prendre soin de nous.

En somme, ce que l'inconscient attend de nous, c'est de lâcher prise sur les comportements derrière lesquels nous nous abritons et de faire face à notre réalité pour que nous cessions de tourner en rond et que nous nous mettions enfin à évoluer. Si, en tant qu'individus, nous arrivons à une cohérence, à une harmonie et à un équilibre intérieurs, il sera alors aisé d'être cohérents et en harmonie avec les autres et tout ce qui nous entoure et, par le fait même, de jouer un rôle dans et pour l'équilibre de la société.

Laisser son corps chanter sa joie et crier sa peine est un bon moyen de voir à notre équilibre.

J'utilise cet espace pour noter la phrase de ce chapitre qui a attiré mon attention.

CHAPITRE XVI

Vivre au présent

Prendre conscience de nous-mêmes et améliorer notre qualité de vie passe souvent par vivre, ici et maintenant.

Vivre l'instant présent signifie que nous prenons conscience de ce que nous vivons et pourquoi nous le vivons au moment où nous le vivons. Être concentrés sur l'instant présent, c'est comme si nous étions uniquement attentifs aux trois ou quatre grains de sable qui passent dans le goulot du sablier, car ce qui est en bas est dépassé et ce qui est en haut est à venir.

On a trop souvent mal interprété vivre l'instant présent comme devant être un moment de vie joyeux, parfait et harmonieux. Il n'y a rien de plus faux! Vivre l'instant présent veut tout simplement dire prendre conscience de ce qui nous habite – joie ou peine, enthousiasme ou colère – au moment où nous le vivons.

Depuis notre naissance et même avant, la vie s'organise pour nous offrir à vivre pleinement le moment présent et nous passons à côté. Il est courant d'entendre dire : «Je n'ai pas vu passer la semaine ou l'année», «Je n'ai pas vu les enfants grandir». Alors pourquoi ne pas nous concentrer, dès maintenant, sur ce qui compose notre quotidien.

J'ose ici faire l'éloge de ce quotidien et son cortège de tâches à accomplir. Celles-ci, quoique parfois inintéressantes, ont leurs vertus, car elles permettent le rendez-vous avec nous-mêmes. C'est leur répétition, *dans le silence*, qui nous amène à l'intérieur de nous, à nous centrer, à sentir ce qui va ou ne va pas et à agir en toute cohérence. Trop de ces moments sont remplacés par des machines à gagner du temps. Alors, où et quand prenons-nous le temps de nous ressentir ?

Ces tâches permettent aussi un rendez-vous avec la vie que nous avons choisie de vivre. Si nous prenons le temps de les accomplir, c'est qu'elles ont leurs raisons d'être. Ne perdons pas de vue qu'en faisant du ménage ou en tondant le gazon, nous visons l'ordre, la propreté et la qualité de vie, ou qu'en faisant le marché et la cuisine nous visons des enfants en santé et une alimentation équilibrée.

Je vous entends répondre : « Mais cela, c'est penser à demain. » Justement, vivre l'instant présent ne veut pas dire ne pas nous engager et ne pas faire de projets, mais plutôt prendre conscience que l'action ou le geste que nous accomplissons présentement s'inscrit dans nos projets d'avenir, de là leur importance. C'est en ce sens que s'applique parfaitement cette phrase : « Le présent créé le futur. » Si mon présent est constamment empreint d'un futur attendu, mon futur d'hier, devenu mon présent d'aujourd'hui, sera à nouveau porté vers le futur. Cela peut devenir infernal, c'est une roue sans fin et nous devons mettre tout en œuvre pour faire cesser ce mouvement. *Le présent crée le futur* aussi sûrement que le temps de gestation d'une grossesse d'un humain dure neuf mois.

Chaque moment contient tout ce qu'il faut pour nous amener vers l'instant suivant. Le temps n'est donc pas un obstacle, c'est un moyen de rendre les choses possibles. Vu sous cet angle, nous ne devrions jamais manquer de temps.

Prendre le temps de faire, de dire, d'entendre, de méditer, de contempler, d'aimer, de partager, et que sais-je encore, c'est être conscients de notre être et de sa raison d'être, dans l'instant que *nous choisissons* de prendre le temps de vivre aujourd'hui, ici et maintenant.

Évidemment, vivre l'instant présent ne veut pas dire oublier le passé. Ce serait là une grave erreur car c'est en voulant l'oublier qu'au contraire nous focalisons sur celui-ci, inconscients du temps qui passe.

C'est plutôt en faisant face au passé, en assumant les remous qu'il a créés et en comprenant pourquoi cela est arrivé que l'on peut finalement passer à autre chose, c'est-à-dire au présent.

Notre passé dépend de la façon dont nous l'avons perçu et nous sommes les seuls à en avoir orienté la vision. Évidemment, quand un traumatisme grave nous empoisonne la vie, une thérapie avec des gens spécialisés est à conseiller. Toutefois, quel que soit le moyen d'introversion choisi pour réorienter la vision de notre passé, une chose est sûre : le présent n'est vivable que si le passé est digéré et assumé.

Oui, oui, tout cela est plus facile à dire qu'à faire, mais qui nous demande la perfection ? On peut faire les choses quotidiennement, petit à petit, en sachant que l'on est capable de le faire et en ne se plaçant pas la barre trop haute.

Le ici et maintenant se développe en nous concentrant d'abord sur des instants dans lesquels nous nous sentons extrêmement bien et en observant notre conscience à les vivre et à les apprécier. Et quand l'habileté à observer notre présence dans les bons moments a été acquise, nous pouvons alors passer à l'observation des moments moins agréables.

Une autre façon de faire, c'est de nous poser souvent, dans une journée, les questions suivantes : «Que suis-je en train de faire ?», «Pourquoi est-ce que je le fais ?», «Comment est-ce que je me sens ?» et «Qu'est-ce que je ressens ?». C'est en observant notre plaisir ou notre déplaisir à accomplir cette action que nous acquérons la conscience de l'instant, que nous pouvons choisir ce que nous voulons vivre et que nous en imprimons un souvenir positif.

Plus on accumule de souvenirs positifs, plus *on s'engraisse le cœur*, et plus on s'engraisse le cœur, moins la difficulté et la souffrance viendront atteindre notre essence. En somme, l'accumulation des souvenirs

positifs est un antidote pour ne pas se laisser intimement et profondément atteindre par les événements.

Quand on vit l'instant présent, on apprend lentement à apprécier
la vie que l'on choisit de vivre et l'on progresse nécessairement.

> *Pourquoi avoir attendu jusqu'à aujourd'hui*
> *pour voir ce qu'aujourd'hui nous réservait.*

*J'utilise cet espace pour noter la phrase
de ce chapitre qui a attiré mon attention.*

CHAPITRE XVII

Un autre merveilleux outil, l'énergie

Comment parler de l'être humain et de ses capacités à se développer et à évoluer sans traiter de l'énergie, cette inestimable ressource sur laquelle l'homme peut compter pour conserver ou retrouver son équilibre.

L'énergie se perçoit avec la conscience, et c'est l'ouverture à son existence qui nous permet de la capter, de la sentir et de la percevoir.

Tout est énergie ; toute matière, quelle qu'elle soit, est énergie. Mais au-delà de la matière, l'énergie subsiste toujours ; elle précède et survit à la matière.

C'est la conscience de cette énergie présente, en tout temps et en tout lieu, qui nous y rend sensibles. Même si elle est, pour la majorité des gens, invisible, je vais tenter de la rendre concrète en m'attardant particulièrement à ses effets et à ses manifestations.

Depuis plus de 5000 ans, les Orientaux observent les effets de l'énergie sur la nature et sur l'homme. Pour eux, elle est la base de la vie ; elle anime tout dans l'Univers, la nature et l'être humain. Elle est une force vitale. Toutefois, parce que les choses doivent souvent s'expliquer par a + b, plusieurs scientifiques ont senti le besoin d'étudier l'énergie et ils sont arrivés, grâce à leurs observations, à lui donner une composition qui nous la rend plus concrète. Elle serait donc la somme de l'électricité, des vibrations et des forces en mouvement, par exemple le vent ou la pensée que l'on trouve dans la nature et chez l'être humain. Tout ceci constitue un potentiel énergétique, une dynamique, que nous pouvons utiliser au maximum pour développer quotidiennement nos capacités de mieux-être et d'équilibre.

Ne vous laissez surtout pas impressionner par ces mots, car nous possédons tous ce potentiel et les moyens de l'exploiter. Cependant, avant de traiter de son utilisation, il me semble d'abord essentiel d'élaborer sur la notion même de l'énergie.

L'homme et l'énergie

D'abord, il faut concevoir l'homme dans son ensemble, le corps et l'esprit en totale interaction, et l'énergie circulant en lui en fonction de cette interaction.

Puis, il faut le concevoir dans son environnement naturel réagissant aux climats, aux saisons, à la lumière, aux vibrations terrestres, et l'énergie circulant en lui en fonction de cette interaction avec la nature.

Ensuite, il faut le concevoir dans son environnement humain, réagissant aux émotions, aux comportements et aux décisions des individus et sociétés qui l'entourent, et l'énergie circulant en lui en fonction de cette interaction avec les autres hommes.

Enfin, il faut concevoir l'homme dans son environnement invisible, réagissant à ce qu'il sait, sent et perçoit, et l'énergie circulant en lui en fonction de cette interaction avec l'invisible.

L'homme, conscient de ces interactions et de l'équilibre énergétique qui en découle, doit faire en sorte que l'énergie circule, le plus possible, de façon continue et harmonieuse, sans quoi il pourrait y avoir dysharmonies et blocages, ces derniers pouvant, entre autres, causer un déséquilibre entre les pôles yin et yang de son énergie.

Le yin, le yang et l'équilibre énergétique

Cette notion du yin et du yang est maintenant chose acquise. Bien qu'orientale au départ, elle est maintenant occidentalisée et correspond dans notre langage aux notions de négatif et de positif, de féminin et de masculin, d'hémisphères droit et gauche du cerveau, de récepteur et d'émetteur.

Chez l'homme, comme dans la nature d'ailleurs, l'énergie se subdivise donc en deux pôles : le yin et le yang. Ceux-ci ont chacun un rôle à jouer, ils sont complémentaires, et c'est cette complémentarité qui permet l'équilibre. Je m'explique :

- Les pôles négatif et positif correspondent à tout notre potentiel électrique qui ne donne l'équilibre que s'il est utilisé dans sa totalité. L'image de l'énergie électrique qui ne s'obtient d'une prise de courant (négatif) que si on y branche un fil (positif), illustre bien cette complémentarité. C'est la circulation libre de l'énergie entre ces deux pôles (haut/bas, gauche/droite) qui crée la polarité nécessaire à l'équilibre.

- À cette notion de yin/négatif et yang/positif s'ajoute le besoin de complémentarité des pôles féminin et masculin de l'homme qui correspondent à son potentiel de forces en mouvement ou, si l'on préfère, à son pouvoir de penser et d'agir. Ce potentiel ne permet l'équilibre que s'il est employé à 100 %, et il ne sera utilisé à 100 % que si l'homme *développe également* son côté féminin : aspects intuitif, créatif et sensoriel, entre autres, se rapportant à l'usage de son hémisphère droit ; ainsi que son côté masculin : aspects rationnel, logique et intellectuel, entre autres, se rapportant à l'usage de son hémisphère gauche.

- Cette complémentarité «yin/négatif/féminin/hémisphère droit» et «yang/positif/masculin/hémisphère gauche» doit encore composer avec les aspects récepteur et émetteur de l'être humain qui, en chacun de nous, correspond à notre potentiel vibratoire. Celui-ci ne permet l'équilibre que s'il est également employé à 100 %, et il ne sera utilisé à 100 % que si l'homme *développe également* son côté récepteur : ce qui reçoit l'information, ce qui lui permet d'intérioriser, *d'être* ; ainsi que son côté émetteur : ce qui émet l'information, ce qui lui permet d'extérioriser, *de faire*.

En somme, n'essayons pas d'être *un vrai homme* ou *une vraie femme*, ou encore *un intellectuel* ou *un artiste*. Soyons plutôt tout cela parce que c'est ce *tout* qui est et qui fait l'équilibre.

Soyons conscients de cette nécessaire complémentarité et de son impact sur notre équilibre énergétique et faisons confiance à notre nature profonde et à notre intuition pour développer, dans leur juste mesure, tous nos contraires.

Il est vrai que nos contraires, ce que certains appellent l'ombre, font parfois peur. C'est toujours par eux que s'exprime notre vulnérabilité, mais sachons que c'est aussi par eux que nous évoluons.

Pour être encore plus claire, voici un exemple tiré du *Yi-King, le livre des transformations* : « J'ai en main de l'eau et je veux la faire bouillir. Mais pour que l'eau bouille, j'ai besoin du feu, n'est-ce pas ? Cependant, le feu est contraire à l'eau et il fait peur parce qu'il peut détruire s'il est mal utilisé et laissé à lui-même ; mais il peut, au contraire, contribuer au résultat escompté s'il devient complémentaire, c'est-à-dire si on utilise et contrôle sa chaleur pour que l'eau bouille *sans la faire déborder*. »

Prenons un autre exemple, celui de la sécurité d'emploi et de l'impact, tantôt bon, tantôt mauvais, qu'elle peut avoir sur la motivation et l'énergie de celui qui en jouit ou qui en pâtit, et opposons-lui l'insécurité qui fait peur et qui peut tout détruire si elle demeure toujours une chose à combattre, mais qui, par contre, peut devenir le détonateur de la créativité, de l'avancement et de l'évolution si, grâce à elle, on rassemble ses forces et on décide d'avancer sur son chemin de vie.

Oui, nos contraires sont essentiels à notre épanouissement et à notre équilibre. Les assumer, c'est, entre autres, permettre une circulation harmonieuse de l'énergie.

Les méridiens et la circulation de l'énergie

L'énergie circule en l'homme, le long des méridiens. Un méridien, c'est le parcours que suit l'énergie pour circuler dans le corps, entre les points réflexes des organes. Les points réflexes sont des endroits précis du corps qui, s'ils sont touchés (par la pression de nos doigts ou les aiguilles de l'acupuncteur, par exemple), provoquent des réactions positives de la part des organes visés, dans le but de rééquilibrer l'énergie.

De la même façon que le sang circule entre le cœur et les poumons par les artères pour y amener l'oxygène, l'énergie circule entre le cœur et les poumons par un méridien pour y apporter sa dynamique et sa vitalité.

De la même façon que l'homme peut intervenir par l'activité physique sur la circulation sanguine pour mieux oxygéner le corps, il peut aussi intervenir par une respiration consciente sur la circulation de l'énergie pour mieux dynamiser et vitaliser ce corps (voir à ce sujet le chapitre XVIII, «La respiration pour s'énergiser»).

À l'instar du sang qui doit circuler librement et sans aucun blocage, l'énergie doit également circuler dans le corps en toute liberté pour garder l'être en santé.

Comme il est ici question de l'homme dans sa globalité, il est facile de concevoir que l'énergie qui circule apporte non seulement sa dynamique sur le plan physique, mais aussi sur les plans mental, émotionnel et spirituel de l'être, contribuant ainsi à sa santé globale.

Évidemment, tout ce que je décris dans ce chapitre est l'idéal de l'équilibre à atteindre. En effet, rechercher à l'intérieur de soi cette sensation d'unité, de légèreté et d'aisance créée par l'équilibre énergétique demande de la persévérance et de la conscience. Mais commençons d'abord par savoir que cela existe et comment cela fonctionne. Pour ce qui est de l'atteindre, remettons-nous-en, entre autres, aux chapitres suivants et comprenons que l'équilibre énergétique s'acquiert lentement mais sûrement avec des moyens très simples d'apprivoiser notre énergie et de prévenir, par l'entretien d'un flux constant de celle-ci, les déséquilibres et les dysharmonies qui peuvent survenir.

L'équilibre et le déséquilibre énergétiques

La recherche de l'équilibre dont il est question depuis le début de ce livre, et plus particulièrement celle de l'équilibre énergétique de ce chapitre, est l'histoire de toute une vie. L'homme est en perpétuelle transformation, cela rend donc l'équilibre difficile à atteindre et fragile à conserver ; on peut même affirmer qu'il est constamment à réajuster compte tenu des déséquilibres qui se manifestent nécessairement au cours d'une vie, déséquilibres qui, entendons-nous, ne sont jamais totalement physiques. La manifestation physique n'étant souvent que l'effet de la cause, il faut pouvoir les analyser dans leur globalité. Quoi qu'il en soit, ne craignons pas ces déséquilibres, ils sont là pour nous aider, ils nous sont nécessaires, car ce sont eux qui nous mettent sur la voie de l'équilibre.

Sachons que notre énergie est puissante ; à nous de décider si elle sera le moteur de notre croissance ou de notre destruction. Ainsi, selon l'usage qu'on en fera, elle permettra peut-être de guérir plus vite ou, au contraire, elle transformera notre douleur en torture ; ou elle nous fera utiliser notre imagination pour créer plus et mieux ou, au contraire, pour entretenir chimères et obsessions ; ou encore, elle fera de nos colères et de nos peines un détonateur de croissance ou, au contraire, elles seront des raisons de frustration et de désespoir.

Atteindre l'équilibre énergétique est donc, au-delà d'une technique à maîtriser, une question d'état d'esprit à acquérir. Prendre la décision d'orienter et d'utiliser cette force positivement ne peut nous être que bénéfique.

L'aura et la représentation de l'énergie

Évidemment, il ne peut être question d'énergie sans parler de l'aura. Cette notion, galvaudée parfois, a besoin d'être mieux comprise pour éliminer toute possibilité d'être tournée en ridicule.

La première perception que l'on a de l'énergie est une sensation de vibration. On entend parfois dire : « Je sens que nous sommes sur la même longueur d'onde. » Eh bien, cette longueur d'onde n'est pas autre chose que l'énergie qui circule en nous et entre deux ou plusieurs personnes, sous forme de vibrations. Cette sensation de vibration se perçoit en développant, de plus en plus, la conscience de soi, des autres et de l'environnement, mais aussi en donnant le champ libre à notre intuition.

La deuxième perception est visuelle. C'est par elle qu'on arrive à voir l'aura. Certains la perçoivent de façon innée, alors que d'autres y arriveront en développant leur clairvoyance. La majorité des gens en restent, cependant, à une perception vibratoire ; ceux qui le désirent peuvent éventuellement utiliser la technique de Kirlian qui permet de photographier l'aura.

L'aura est donc la représentation visuelle de notre énergie. Cette dynamique et cette vitalité émanent de notre corps en un champ de couleurs lumineuses qui ressemblent à des flammes. Par la couleur et la clarté de l'aura, on peut déceler l'état de santé et le niveau énergétique de la personne. Ainsi, plus l'aura est foncée et opaque, plus il y a urgence à s'occuper de la baisse d'énergie en présence et de la dysharmonie qui en découle.

Cependant, point n'est besoin de voir l'aura ou de la faire interpréter pour savoir s'il y a déséquilibre ou non. L'intuition, l'écoute de son malaise ou de son bien-être, doublée d'une confiance en ce qu'on ressent suffisent amplement à la tâche.

Nos centres d'énergie : les chakras

Contrairement aux méridiens qui permettent une circulation de l'énergie entre les organes et nos différents systèmes corporels, les chakras constituent pour le corps et l'esprit des portes d'entrée et de sortie de l'énergie. Ils sont en quelque sorte des centres d'énergie situés, à l'instar des méridiens, en différents endroits du corps, le long de la colonne vertébrale, et permettent une gestion autonome de notre équilibre énergétique et même de notre santé globale.

En effet, par une connaissance pointue des chakras, de leur fonctionnement propre et de leur utilisation, nous pouvons atteindre non seulement un équilibre physique, organique, physiologique, mais également un équilibre émotionnel, psychologique, intellectuel et spirituel.

Loin de moi l'idée de traiter en long et en large des chakras, cela a fait l'objet d'un livre que je recommande fortement *La science des chakras, voie initiatique du quotidien* de Daniel Briez. Toutefois, je désire ardemment attirer l'attention sur leur existence en donnant quelques notions, car c'est une méthode globale d'autoguérison de l'être corps, cœur, esprit que nous pouvons tous mettre à profit.

L'emplacement et le fonctionnement

Les chakras agissent comme des entonnoirs ; l'énergie pénètre en spirale à travers ces centres d'énergie dont les portes d'entrée sont situées dans le dos et en ressort, toujours en spirale, par des portes de sortie situées à égalité sur le devant du corps.

Pour simplifier la compréhension, je n'aborde ici que sept chakras, bien que plusieurs autres, majeurs et mineurs, soient répertoriés. Les sept chakras dont il est question sont tous majeurs, donc extrêmement efficaces dans la gestion de l'équilibre ou de la guérison.

Concrètement, situons-nous au «je» que nous sommes.

- *Le premier centre d'énergie, ou chakra de base*
Situé à la base de la colonne vertébrale, entre l'anus et les organes génitaux, il est responsable de notre interrelation avec le plan terrestre,
de la survie du «je». L'utilisation de celui-ci, outre agir sur le corps physique et, plus précisément, sur l'ossature et sur la structure du corps,
amène à réfléchir et à intervenir sur notre incarnation et notre présence sur terre dans la sécurité ou l'insécurité.

- *Le deuxième centre d'énergie, ou chakra sacré*
Situé à environ quatre doigts au-dessous du nombril, il est responsable
de l'énergie vitale du «je». L'utilisation de celui-ci, outre agir sur les
organes internes correspondants et, plus précisément, sur les organes
génitaux et la sexualité, amène à réfléchir et à intervenir sur notre relation à la vie dans le plaisir ou le déplaisir.

- *Le troisième centre d'énergie, ou chakra solaire*
Situé au niveau du plexus solaire, il est responsable de l'identité profonde du «je». L'utilisation de celui-ci, outre agir sur les organes internes
correspondants et sur la dimension psychologique, amène à réfléchir
et à intervenir sur le «qui je suis?» et sur notre capacité ou notre incapacité à devenir le «qui je suis» que nous sommes.

- *Le quatrième centre d'énergie, ou chakra cardiaque*
Situé à peu près au milieu de la poitrine, il est responsable du «je» en
relation avec l'autre. L'utilisation de celui-ci, outre agir sur le cœur et tout
le système cardiaque et sanguin, amène à réfléchir et à intervenir sur le
dépassement du «je», afin d'arriver à reconnaître et à respecter l'autre.

- *Le cinquième centre d'énergie, ou chakra laryngé*
Situé au milieu de la gorge, il est responsable de la communication intègre et vraie du «je». L'utilisation de celui-ci, outre agir sur la gorge et
les organes correspondants, amène à réfléchir et à intervenir sur notre
façon de manifester et d'exprimer notre vrai ou faux «je suis».

- *Le sixième centre d'énergie, ou chakra frontal*

Situé au milieu du front, au-dessus de la racine du nez, il est responsable du «je» en relation avec ses perceptions d'ici et d'ailleurs. L'utilisation de celui-ci, outre agir sur le cerveau et l'intellect, amène à réfléchir et à intervenir en discriminant les illusions et les désirs des certitudes du «je» intuitif.

- *Le septième centre d'énergie, ou chakra coronal*

Situé au milieu du sommet du crâne à l'emplacement de la fontanelle, il est responsable de la relation du «je» incarné en relation avec le divin. L'utilisation de celui-ci, outre agir sur la santé mentale, amène à réfléchir et à intervenir sur notre façon de manifester le divin «je» en nous et autour de nous.

Technique

Tout, dans la technique d'harmonisation des chakras, tient d'abord dans la connaissance de l'emplacement et du fonctionnement de chacun d'eux, ensuite dans la volonté de s'y mettre et, finalement, dans la visualisation de ceux-ci et de l'énergie y circulant harmonieusement en chacun et entre chacun d'eux.

Cela dit, cette technique demande à être apprivoisée avant de s'y adonner fructueusement. Lire un livre, écouter une conférence, suivre un atelier sont autant de façons d'apprivoiser cette formidable méthode d'autoguérison corps, cœur, esprit.

Toutes ces connaissances et explications ne sont compréhensibles, je l'avoue, que si l'on admet l'existence de cette énergie que les Chinois appellent le *t'chi*.

J'ose cependant espérer que la lecture des chapitres suivants et la pratique quotidienne de cette façon de vivre en équilibre vous ouvriront à toutes ces notions qui offrent tant de possibilités de mieux-être, de mieux-vivre et d'évolution. Plus nous sommes concentrés sur l'instant que nous vivons, plus nous sentons la présence et l'importance de l'énergie, plus nous sommes enclins à pousser plus loin notre recherche d'équilibre.

Le piège est peut-être de croire que seule existe la force assez dense pour être visible.

Marguerite de Surany, *Le perpétuel devenir*

J'utilise cet espace pour noter la phrase de ce chapitre qui a attiré mon attention.

CHAPITRE XVIII

La respiration pour s'énergiser

La respiration constitue l'outil idéal pour conserver une circulation constante de notre énergie et pour rééquilibrer notre flux énergétique.

La respiration est une fonction vitale. Comme pour le *boire* et le *manger*, si nous arrêtons de respirer, nous mourrons. Ce qui permet d'affirmer sans trop de difficulté que, chaque fois que nous respirons, nous nous donnons la vie. Étant donné cette certitude, pourquoi ne pas nous occuper, avant toute chose, d'apprendre à respirer comme un geste non seulement essentiel à la vie, mais également essentiel à la qualité de vie, donc à notre équilibre total.

De tout temps et à jamais, respirer est le premier et le dernier geste que fait chaque être humain; cela mérite réflexion et attention, n'est-ce pas?

Certaines personnes diront: «Je n'ai pas besoin d'apprendre à respirer, cela se fait naturellement.» Voilà tout le problème! L'action de respirer est si naturelle que nous n'avons plus conscience que nous respirons, et c'est cette absence de conscience qui fait que tout ce que nous vivons a un impact sur notre respiration et, par là, sur notre santé physique et mentale, donc sur notre équilibre.

Pressés, stressés, toujours sollicités par l'extérieur, nous nous empêchons souvent de respirer profondément, nous ne respirons que du haut du corps et les épaules tendues. Cette tension, qui bloque l'énergie à la tête, est souvent cause de maux de tête, de pression, de problèmes de concentration, pour ne donner que ces exemples. Par contre, cette énergie accumulée crée d'autres blocages, cette fois-ci par manque d'énergie au bas du corps, devenant cause de constipation, de douleurs musculaires ou de mauvaise digestion, entre autres.

Sous le coup d'une émotion, on s'entendra souvent dire : « J'en ai eu le souffle coupé. » C'est vrai, car les émotions ont un impact sur nous, au point d'altérer notre respiration, créant parfois d'autres blocages qui peuvent être à l'origine de différents maux, comme l'insomnie et les vertiges, ou éventuellement aggraver des problèmes respiratoires déjà existants, comme l'asthme.

À l'extrême (et sans nous arrêter à la question de la qualité de l'air que nous respirons), nous pourrions avancer que si nous ne respirons pas entièrement et profondément dès que nous avons conscience que nous respirons, notre corps et notre cerveau, mal oxygénés et mal énergisés, ne donneront jamais leur plein rendement. Alors, raison de plus pour nous en occuper, n'est-ce pas ?

Apprendre à respirer, c'est pratiquer une respiration consciente où nous sentons s'oxygéner et s'énergiser notre corps et notre cerveau.

Voici comment se déroule la respiration consciente.

- Elle commence par une *inspiration profonde* où l'on sent l'air pénétrer par le nez jusque dans tous les organes du corps, provoquant un gonflement du ventre et un élargissement du tronc, sans relèvement excessif des épaules. Cela crée un réchauffement interne créé par la circulation de l'énergie.

- Elle est suivie d'une *expiration profonde* où l'expulsion de l'air vicié par la bouche vide les poumons, comme si on exerçait une pression sur tout le tronc, et où l'on sent de nouveau ce réchauffement causé par la pénétration de l'énergie.

- Elle comprend aussi une *rétention du souffle* après inspiration et après expiration pendant quelques secondes. Ce petit temps d'arrêt est là pour provoquer une concentration de l'énergie et de l'attention à l'intérieur de nous. La tension vers l'extérieur diminue donc par le fait même, procurant ainsi une détente.

Les temps d'inspiration, d'expiration et de rétention augmentent au fur et à mesure que se pratique la respiration consciente. À nous de choisir notre rythme, mais une chose est sûre, le but n'est pas de battre des records!

Bien respirer fait circuler le sang, l'oxygène et l'énergie, vous l'aurez compris. Et quand tout circule librement et sans blocage, notre santé et notre qualité de vie en sont nécessairement améliorées.

Respirer profondément et consciemment peut s'appliquer de plusieurs façons, en voici trois.

1. Quotidiennement

- En respirant (comme je l'ai précédemment décrit) trois fois au lever, debout, les yeux fermés et en silence (pour augmenter la concentration sur le geste). Cela permet de prendre contact avec nous-mêmes, avant que la frénésie des choses à faire ne prenne le contrôle sur nous.

- En respirant trois fois avant les repas, assis, les yeux fermés et en silence. Cela permet de mettre le stress de côté, installant ainsi un climat de détente pour une meilleure digestion.

- En respirant lentement trois fois ou plus au coucher, allongé, les yeux fermés avec la sensation de regarder vers l'intérieur de nous et en silence. Cela permet de brouiller le mental qui alimente les angoisses, afin de bénéficier d'un sommeil réparateur.

2. Circonstanciellement

Cela veut dire chaque fois que nous réussissons à reconnaître une situation comme source de stress, de blocage et, par là, de mauvaise circulation de l'oxygène et de l'énergie.

- En respirant trois fois ou plus au besoin, dans la position que nous choisissons, les yeux fermés et en silence. Cela favorise au maximum le repositionnement sur nous, empêchant ainsi le mental de focaliser sur l'élément ou l'événement perturbateur.

3. Rituellement

Cela veut dire comme une prière.

- En respirant autant de fois que nous le désirons et au moment que nous choisissons, dans le silence, assis, les yeux fermés, le regard tourné vers l'intérieur de nous, en nous concentrant sur le seul fonctionnement organique de la respiration. Cela favorise la détente, la méditation, le détachement, et si nous le désirons, l'élévation spirituelle.

La respiration a des vertus et des pouvoirs qui ne datent pas d'hier ; nous en avons d'ailleurs beaucoup appris des Orientaux à ce sujet. Il est grand temps de comprendre que de la même façon que nous nous sommes appliqués à installer dans notre vie une alimentation saine, un sommeil harmonieux et une activité physique équilibrée, pratiquer une respiration profonde et consciente fait partie des outils que nous pouvons tous apprivoiser et utiliser comme bon nous semble, avec de plus en plus de succès, au fur et à mesure de nos besoins et de notre expérience. Il est temps d'arrêter de penser que cette façon de respirer est réservée aux chanteurs ou aux acteurs pour contrôler leur trac, aux yogis pour atteindre des états altérés de conscience, ou encore aux femmes enceintes pour contrôler leurs douleurs. Nous pouvons dès aujourd'hui intégrer cette respiration à notre façon de vivre et jouir de ses bienfaits.

En somme, respirer profondément,
c'est vivre pleinement !

J'utilise cet espace pour noter la phrase
de ce chapitre qui a attiré mon attention.

CHAPITRE XIX

Le sommeil pour récupérer

Le sommeil est non seulement un moyen naturel de faire le plein d'énergie, mais également un moyen naturel de renforcement du système immunitaire. Nous sommes tous conscients que c'est en dormant que nous récupérons, mais sommes-nous vraiment attentifs à la qualité de notre sommeil et aux conditions dans lesquelles nous dormons ? Pourtant, cela pourrait faire toute la différence entre fonctionner normalement ou fonctionner à 100 %, en pleine possession de tous nos moyens et en totale interaction avec notre environnement.

Pendant notre sommeil, les centres d'énergie et les points réflexes du corps (voir à ce sujet le chapitre XVII, «Un autre merveilleux outil, l'énergie») se détendent et sont ainsi disponibles, d'abord à recevoir l'énergie de toute la nature qui nous entoure, puis à la faire circuler par les méridiens et les centres d'énergie pour rejoindre tous les organes du corps et les recharger, telle une pile. Il est d'ailleurs courant d'entendre dire : «Je dois dormir pour recharger mes batteries.» Le corps humain se recharge donc au repos, mais quelles conditions pouvons-nous créer pour que ce repos soit totalement réparateur ? C'est ce que nous allons maintenant voir.

Il faut d'abord savoir que notre sommeil est réglé en cinq phases successives qui forment un cycle complet d'approximativement 90 minutes se répétant environ cinq fois dans une nuit de 7 h 30 à 8 h de sommeil. Cette approximation est due au fait que chez certains dormeurs, chacun des cycles peut totaliser, tout au plus, 100 minutes. Faites le test et évaluez au bout de combien d'heures vous vous réveillez naturellement, pour savoir si vous êtes de cette catégorie de dormeur.

Les phases

Ce cycle de cinq phases se déroule comme suit:

- Phase I : C'est la phase d'endormissement ; les yeux se ferment, on entend encore les bruits venant de l'extérieur, le corps se détend et le cerveau entre en ondes alpha.

  Cette phase est favorable, entre autres, à la méditation, à la visualisation, à la programmation, en somme à l'exercice de nos facultés créatrices.

- Phase II : C'est la phase de sommeil léger ; les yeux sont évidemment fermés, on n'entend plus les sons provenant de l'extérieur, le cerveau change de longueur d'onde.

  C'est au cours de cette phase que commence le réel travail de récupération du corps.

- Phase III : C'est une phase de sommeil profond au cours de laquelle on est très difficile à réveiller ; une nouvelle longueur d'onde s'installe.

  Cette phase est la plus importante pour la réénergisation et la récupération physique, car on n'est pas encore totalement occupé à rêver.

- Phase IV : C'est la phase de sommeil très profond ; le mouvement cardiaque est diminué et la respiration est plus lente et plus profonde, le cerveau a adopté une autre longueur d'onde.

  C'est apparemment pendant cette phase que s'installe véritablement le rêve et que commence la réharmonisation psychique (voir à ce sujet le chapitre X, «Rêver»).

- Phase V: C'est la phase de sommeil paradoxal; le dormeur semble toujours sur le point de se réveiller alors qu'il dort profondément, de là le mot «paradoxal».

  Le cerveau est très actif parce qu'il est entièrement sollicité par le rêve; la réharmonisation psychique se complète.

  Puis, c'est le retour à la phase I, aux ondes alpha.

  La phase I sera évidemment plus longue au premier cycle, mais les phases IV et V se rallongeront au fur et à mesure que la nuit s'écoulera. L'estimation de 90 ou de 100 minutes, selon le cas, demeure stable.

Le réveil

Connaissant l'existence de ces phases et de leur déroulement, il est facile de concevoir que si nous nous réveillons à l'aide d'un réveille-matin, il peut être préférable de régler celui-ci sur l'heure correspondant au multiple de 90 ou de 100 minutes que nous désirons, à partir de notre heure de coucher, afin d'éviter d'interrompre notre sommeil au beau milieu d'un cycle.

Deux constatations me permettent d'énoncer cela.

1. Vous est-il déjà arrivé de vous réveiller au bout d'une longue nuit plus fatigué qu'après seulement quelques heures de sommeil? Eh bien, peut-être que cette fatigue ne provenait que d'un réveil mal synchronisé sur la dernière phase du sommeil, alors que l'autre état résultait peut-être d'un réveil correspondant à la fin d'un cycle complet de sommeil, donc après la phase V.

2. Pendant la journée, avez-vous déjà eu la sensation d'avoir constamment sommeil, même après avoir *assez dormi*? Cela pourrait correspondre au besoin de terminer le cycle qui a été interrompu par le réveille-matin ou par le téléphone, par exemple.

Enfin, pour avoir expérimenté cette façon de faire et pour en avoir vérifié les effets auprès de plusieurs personnes, je puis vous assurer que nous avons vu nos journées changer.

Le coucher

La vieille marotte de nos grands-mères qui dit que « le sommeil est meilleur avant minuit » est réelle mais relative ; elle s'explique facilement.

Après une journée de dépense d'énergie et un nombre d'heures normal de travail et de loisirs, se situant entre 15 et 17 heures par jour pour une personne d'âge mûr, le corps a besoin de repos. Si, pour une raison ou pour une autre, ce nombre d'heures est régulièrement dépassé, le corps se trouve dans un état de surmenage qui empêche une bonne détente des points méridiens et des centres d'énergie et, par le fait même, empêche une réénergisation et une récupération maximale.

S'endormir avant minuit est donc vrai pour la majorité des gens qui travaillent entre 9 h et 17 h et dont les journées s'échelonnent entre 7 h et 23 h.

Toutefois, cela est relatif pour les personnes qui sont à contre-courant de cet horaire. L'idée n'est pas ici de conseiller d'adopter le « 9 à 5 », mais bien de suggérer de respecter nos temps de dépense et de récupération de l'énergie.

Le sommeil

- Il est recommandé de dormir, autant que faire se peut, du côté droit ou sur le dos, car dormir du côté gauche compresse le cœur, empêche une bonne circulation du sang et provoque une accélération de la respiration, créant ainsi une mauvaise circulation de l'énergie. Dormir sur le ventre compresse les organes terminaux des méridiens, entravant l'acheminement maximal de l'énergie de récupération.

- Il est recommandé de dormir la tête orientée vers le nord, car en nous plaçant dans le même courant de circulation énergétique que la terre (celui-ci étant orienté sud-nord), nous pouvons nous éviter un sommeil agité, de la nervosité et une fatigue, surtout musculaire, au réveil.

- Il est recommandé de dormir dans un endroit libre d'énergie électrique et électromagnétique et, si possible, libre de circulation de micro-ondes et d'ondes cellulaires. En effet, ces types d'énergie sont stimulants pour le corps et peuvent, sans que nous puissions nommer le responsable, altérer la qualité du sommeil et la longueur de la nuit[2].

- Pendant le sommeil, nous sommes abandonnés, ouverts, et tous nos points réflexes et centres d'énergie sont totalement réceptifs à toutes les formes d'énergie, y compris celle de la personne avec laquelle nous dormons. Soyons donc vigilants à la qualité de l'énergie de l'autre et évitons, le plus possible, des échanges porteurs d'énergies stimulantes, de violence ou d'agressivité pouvant nuire à la qualité de notre sommeil.

La préparation physique

- On reconnaît à l'eau la propriété de calmer, de détendre et de purifier. C'est dans cet ordre d'idées qu'il est recommandé de se laver avant d'aller au lit, afin de libérer le corps de toute énergie négative et de préparer lentement la détente des points réflexes.

- C'est pour une meilleure détente des points réflexes qu'il est recommandé de dormir dans un endroit ordonné, car le désordre semble plutôt propice à la stimulation qu'à la détente.

- Cette stimulation, qui peut aussi provenir d'un repas copieux le soir, de l'ingestion de boissons alcoolisées, de médicaments, de café, ou encore de la cigarette, empêche la détente normale des points

---

2. Depuis plusieurs années, des chercheurs (sourciers, géographes, physiciens, ésotéristes, biologistes et environnementalistes, entre autres) mènent des expériences pour déterminer l'influence des courants d'énergie solaire, telluriques, d'eau souterrains, électriques et magnétiques, sans oublier l'influence des ondes de toutes sortes sur notre qualité de vie, notre santé et, évidemment, notre sommeil. Ils sont arrivés à des conclusions fascinantes qui feraient à elles seules l'objet d'un livre. Toutefois, je tiens à mentionner ces recherches et constatations pour affirmer encore que l'interaction de l'humain avec son environnement est inévitable et que l'homme doit composer avec elle dans sa recherche de l'équilibre.

réflexes, rend le sommeil fragile et donne prise à l'activité mentale causant insomnie, angoisse et anxiété.

- C'est pour permettre la circulation de l'énergie de la terre et de la nature qui est chargée de tous les éléments propres à notre régénération qu'il est recommandé de dormir dans un endroit aéré ou qui a été préalablement aéré.

La préparation psychologique

Cela consiste à faire, au moment de la phase d'endormissement, un bilan de notre journée (anciennement, la prière avait ce but) afin de nous endormir dans le calme et la paix intérieure pour favoriser une réharmonisation totale. Il est important de faire ce bilan car, ainsi, nous passons notre journée en revue, nous laissons monter les impressions qu'elle nous a créées, nous faisons le point sur ce que nous avons aimé ou n'avons pas aimé, nous conscientisons ce qui nous appartient de régler, nous décidons de ce que nous pouvons faire face à ces situations ainsi que du moment et de la façon que nous pouvons le faire pour être en accord avec nous-mêmes. Écrire un journal peut être une bonne façon de nous préparer au sommeil, car en plus de faire le bilan, nous pouvons préparer concrètement notre journée du lendemain, éliminant ainsi les préoccupations qui causent les angoisses, l'anxiété et l'insomnie, sans oublier la surcharge du subconscient qui amène avec elle des rêves agités et parfois cauchemardesques. À faire notre bilan, nous nous donnons toutes les possibilités de récupérer totalement, de nous responsabiliser et de nous élever spirituellement, si tel est notre désir.

La sieste

Il ne suffit que d'une sieste de quelques minutes pour vraiment se reposer. C'est la *perte de conscience* au cours de l'endormissement qui procure une détente et une certaine récupération d'énergie. Au-delà de la phase II du sommeil (le minutage est relatif selon la facilité de l'individu à s'endormir), si un cycle complet de 90 à 100 minutes n'est pas terminé, la sieste peut être plus éreintante que reposante.

En somme, il importe de mettre toutes les chances de notre côté pour *bien* dormir. En cela, comme en toutes autres choses, respectons-nous et sachons qu'un bon repas bien arrosé de temps en temps ou encore une nuit écourtée au détriment de bonnes heures de plaisir viennent aussi travailler à notre équilibre s'ils correspondent à *notre* besoin.

Améliorons la qualité de nos journées
en améliorant celle de nos nuits !

J'utilise cet espace pour noter la phrase
de ce chapitre qui a attiré mon attention.

CHAPITRE XX

La nature pour s'inspirer

Nous pouvons nous inspirer du fonctionnement de la nature pour comprendre la notion de l'équilibre et ainsi développer une harmonieuse façon de vivre. Elle nous fait la leçon à bien des titres ; il n'en tient qu'à nous de l'observer !

Le repos et l'action

Examinons comment la nature trouve son équilibre au rythme de ses saisons, comment elle déploie une succession d'attitudes – repos, gestation, production, bilan – que nous pourrions imiter.

Ainsi, nous convertir au rythme des saisons, c'est accepter qu'il y ait un temps pour chaque chose ; nous ne pouvons travailler ou manger 24 heures par jour, n'est-ce pas ? Il doit en être ainsi de tout le reste. Chez l'homme, chaque période yin, d'introversion, de réflexion et d'élaboration doit être l'impulsion créatrice de la période yang d'extraversion, d'action et de production, aussi naturellement que dans la nature, l'automne et l'hiver (périodes yin) mènent au printemps et à l'été (périodes yang). Nous devons respecter notre besoin d'être alternativement au repos et en action. Cette alternance est essentielle et devrait être une priorité dans notre vie, car c'est elle aussi qui fait l'équilibre.

Sachant cela, nous pourrions nous demander pourquoi nous produisons à 100 % en automne et en hiver et nous reposons en été, alors que la nature fait exactement le contraire. C'est peut-être pour cela que nous nous retrouvons toujours au mois de mars fatigués, vidés, sans ressources, parce que nous nous demandons d'être actifs pendant une période où nous devrions être au repos !

Avez-vous déjà remarqué qu'au printemps, sous l'impulsion de la lumière et de la chaleur, nous devenons énergiques ? Cette montée d'énergie est de type yang. Elle nous amène à faire des projets, des voyages, toutes sortes de choses qui nous poussent à nous extérioriser. Ne serait-il pas alors temps de produire plutôt que de penser aux vacances qui, elles-mêmes, seraient tellement bienvenues en hiver, par exemple ?

Peut-être est-ce là une des raisons pour lesquelles notre équilibre est si difficile à trouver. Sommes-nous en train de vivre à l'encontre de nos besoins profonds ? Ce que ne faisaient pas nos anciens et, encore aujourd'hui, ceux qui sont près de la nature et de la terre.

Les relations

Dans la nature, l'interaction entre le ciel et la terre peut nous aider à comprendre un aspect de nos relations avec les autres.

Au printemps et en été, les éléments de la nature sont en étroite relation les uns avec les autres. Ne faut-il pas du soleil et de la pluie pour que la terre produise ? Alors qu'en automne et en hiver les mêmes éléments sont moins dépendants l'un de l'autre, la terre retournée sur elle-même est à se recharger d'énergie et le ciel, quel que soit le pays, prend un moment de retrait pour aller ailleurs, faire fleurir la nature. De la même façon, notre relation avec les autres – parents, enfants, conjoint, amis, collègues – devrait être, par moments, l'un pour l'autre et, par moments, chacun pour soi.

« Les projets se conçoivent dans le silence et la solitude et leur mise en action s'effectue en entrant en relation avec les autres », enseigne le Yi-King. C'est là un bel exemple de la différence entre la dépendance et l'interdépendance. Si la terre était dépendante du ciel, elle ne cesserait de réclamer soleil et pluie pour produire, et le ciel n'aurait de cesse de lui donner ce dont elle a besoin, mais ils s'épuiseraient à la fin. Il en va de même de toutes nos relations. Nous ne sommes en équilibre que lorsque l'interdépendance nous permet, par moments, de vivre des intérêts et des buts communs et, à d'autres moments, de travailler à une recherche intérieure et à des buts personnels.

Les attitudes

Examinons comment, dans la nature, l'eau coule sans arrêt et suit inéluctablement son cours. De cette observation, nous pourrions apprendre à aborder la vie et son flot de difficultés.

L'eau du ruisseau qui coule remplit tous les trous là où elle passe. Parfois, elle croise des obstacles qu'elle contournera naturellement, à moins qu'elle ne passe dessus ou dessous.

Ne devrions-nous pas adopter ce comportement et ne décider de notre attitude que devant la difficulté, en sachant très bien qu'il est préférable de l'affronter plutôt que de l'appréhender. L'eau retourne-t-elle en arrière quand elle voit la roche ou se met-elle à hésiter en se demandant comment agir? Ou encore, veut-elle être déjà rendue plus loin, au-delà de l'obstacle? Non, elle est sans peur et sans résistance; elle vit ce qu'elle a à vivre dans l'instant et continue inexorablement son chemin.

Il est important d'acquérir la certitude que nous sommes toujours là où nous devons être et que nous faisons toujours ce que nous avons à faire. Ne portons pas de jugement sur notre comportement et laissons émaner notre attitude de l'intérieur.

Ne nous laissons pas influencer par des «Tu devrais faire ceci ou cela…», «Il faut que…» ou «Ça ne se fait pas», car ces comportements dictés de l'extérieur nous font faire des erreurs. C'est à cause d'eux que nous doutons de nous-mêmes, que nous appréhendons l'avenir et que nous développons la peur.

La vie et la mort

Que fait le grain de blé dans la nature? À l'observer, on comprend ce qu'est la vie et la mort.

On met le grain de blé en terre, il prend de la force et grandit, puis quand il vient à maturité, on le coupe. Cependant, sa vie ne s'arrête pas là; il deviendra farine et sera mangé, devenant ainsi de l'énergie pour l'homme qui le retournera à la terre, sous toutes sortes de formes, pour nourrir à nouveau celle-ci qui produira d'autres grains de blé.

Cela nous apprend indéniablement que tout ce que l'on vit arrive à maturité, que ce qui arrive à maturité demande à finir et, surtout, que l'on doit accepter que cela finisse. Car ce qui finit fait place à ce qui vient et s'en va ailleurs faire ce qu'il a à faire.

C'est ça, la vie! Accepter qu'au-delà de la séparation ou de la mort il y ait encore de la vie! Accepter que les choses et les êtres survivent par leurs souvenirs, leurs héritages, leurs traditions, leurs connaissances et leurs énergies.

Imaginons que le grain de blé ne veuille pas être coupé; il pourrirait sur la tige, n'est-ce pas? C'est ce qui se passe quand on veut empêcher la vie de suivre son cours. Les choses et les êtres pourrissent là, par manque d'air, d'énergie, d'amour. Eh oui, d'amour, car aimer n'est pas garder pour soi, mais bien vivre, laisser vivre et mourir.

Les déséquilibres

La nature aussi a ses déséquilibres, et c'est à ses efforts pour retrouver son équilibre qu'on peut comprendre qu'il doit en être ainsi de l'être humain.

Remarquons les étés froids et pluvieux qui succèdent aux étés chauds. La nature sait qu'après un été de feux de forêt, par exemple, elle doit prendre le temps de se refaire une santé. Acceptons-nous le froid et la pluie dans notre vie? Faisons-nous les sacrifices qu'il faut pour retrouver notre équilibre?

Remarquons les aspects positifs de cataclysmes, comme cette formidable richesse du Saguenay–Lac-Saint-Jean née d'un immense feu de ses forêts qui a laissé la place à toutes ces bleuetières qui font l'orgueil de la région. Prenons-nous le temps de voir l'aspect positif derrière la difficulté?

Remarquons comment les Amérindiens et tous les nomades du monde vivaient en interrelation avec la nature. C'est en se déplaçant constamment qu'ils évitaient son épuisement. Avons-nous trouvé le moyen d'éviter l'épuisement de notre planète?

Parfois, la nature déborde, elle fait de belles colères et signifie à l'homme qu'elle ne sera jamais totalement maîtrisée par lui. Éruptions volcaniques, tremblements de terre, glissements de terrain, raz de marée, tornades et ouragans sont autant de débordements qui nous apprennent que tout est éphémère et que la seule chose qui nous appartient vraiment est notre vie intérieure.

Sommes-nous la cause de certains débordements de la nature? Existons-nous uniquement par ce que nous lui avons arraché, soutiré, sans jamais avoir tenu compte de son équilibre? Adoptons-nous le même comportement envers nous-mêmes? Sommes-nous la cause de nos déséquilibres? Existons-nous uniquement par ce que nous avons exigé de nous, sans jamais avoir tenu compte de notre équilibre?

La circulation d'énergie

Remarquons comment nous nous sentons lourds et lents avant l'orage, tout simplement parce que, comme la terre, nous sommes en déséquilibre électrique, déchargés de nos ions négatifs accumulés par l'atmosphère pour produire l'orage et dont nous referons le plein après celui-ci au contact de la terre. Ces ions négatifs sont d'ailleurs totalement absents de nos maisons surchauffées pendant l'hiver. Déprimés, fatigués, il ne suffit pourtant que d'un courant d'air frais du dehors, au matin, tous les jours, pour refaire notre équilibre d'ions positifs et négatifs.

Remarquons comment les enfants sont turbulents et comment, à l'instar des animaux, nous nous sentons nerveux avant une tempête. C'est tout simplement parce qu'au contact de la terre nous vivons son déséquilibre électrique et vibratoire. Nous ressentons physiquement ce déséquilibre dont les effets s'atténuent au fur et à mesure que la tempête se déroule, jusqu'à ce que celle-ci prenne fin, retrouvant ainsi comme la terre notre équilibre électrique et vibratoire.

Tout ce qu'on a pu dire sur les changements de comportement de l'homme en relation avec la lunaison n'est que réalité. Ce qui en complique l'observation et, par le fait même, sème le doute, c'est le degré de sensibilité et de réceptivité qui diffère chez ceux qui en éprouvent et en commentent les effets.

Une science récente, la climatologie, inspirée d'observations faites de concert entre météorologues et médecins, permet d'affirmer que le climat et ses fluctuations ont des effets non seulement sur le comportement des individus, mais aussi sur leur santé. Par exemple, la basse pression et l'arrivée d'une masse d'air froid provoqueraient, et je peux le confirmer, des migraines. N'est-ce pas là un autre exemple de notre étroite relation avec l'énergie de la nature?

Nous n'avons certainement pas fini d'en apprendre sur le sujet et rien ne nous empêche de faire nos propres observations. Toutefois, une chose est sûre, nous aurons toujours besoin de l'air, de l'eau, de la chaleur et du soleil pour vivre en équilibre.

Remarquons l'apport d'énergie quand, d'un endroit sombre, nous passons à la lumière, et l'apport d'énergie quand, d'un endroit froid, nous passons à un endroit chaud.

Remarquons quel calme nous ressentons uniquement à porter notre regard sur l'eau, quel sentiment de pureté nous avons à nous plonger dans celle-ci, quel ressourcement nous éprouvons après un moment dans la forêt. Puis, imaginons-nous coupés de ces sources d'énergie naturelles, vivant dans des blocs de béton, ne survivant que de substituts chimiques. Nous serions, j'en suis sûre, totalement déséquilibrés, malades physiquement et mentalement. Nous avons donc tout intérêt à réaliser que l'énergie est là, à profiter de celle-ci pendant qu'elle est là et à travailler à la sauvegarde de la nature et de la planète qui nous la procurent.

La nature est une richesse irremplaçable!

J'utilise cet espace pour noter la phrase de ce chapitre qui a attiré mon attention.

CHAPITRE XXI

Le silence pour se régénérer

Le silence est magique. Il est sans conteste une source d'équilibre émotionnel et physique. En effet, c'est dans le silence que nous prenons contact avec notre âme et notre monde intérieur. C'est dans le silence que s'ouvrent les portes de notre inconscient, de notre intuition et de notre créativité. C'est dans le silence que notre nature profonde se manifeste. Le silence est aussi une méthode efficace d'autoguérison puisque, par lui, nous prenons le temps de nous détendre et d'entendre notre corps, de sentir et de faire circuler notre énergie ainsi que celle qui nous entoure.

Le silence est magique, mais c'est peut-être parce qu'il a tant de pouvoir qu'il fait si peur et c'est peut-être parce qu'il fait si peur qu'il disparaît lentement, mais sûrement de notre quotidien. C'est sans aucun doute à cause de cette peur que nous meublons quotidiennement nos rares moments de silence par la radio, la télévision, la musique, et que sais-je encore. Mais quelle est cette peur empêcheuse de tourner en rond?

Peur d'aller à la rencontre de nous-mêmes? Peur d'entendre tout ce que notre cœur et notre corps ont à dire? Peur d'avoir peur? Peur de laisser monter les émotions qui, inévitablement, refont surface dans le silence? Peur d'affronter le vide, notre vide intérieur, l'absence de sens à notre vie? Peur d'être obligés de faire face à tout ce que nous ressentons? Peur de réaliser que nous sommes les responsables du déroulement de notre vie et de notre développement personnel? Peur de nous-mêmes tout simplement!

Quand comprendrons-nous que refuser le silence dans notre vie, c'est refuser d'avancer et d'évoluer?

Quand comprendrons-nous que si nous sommes sans cesse vidés et fatigués, c'est parce que l'esprit, constamment sollicité par l'extérieur et par un mental qui tient à occuper toute la place, est empêché de se recentrer, de se ressourcer, de se rééquilibrer?

Quand comprendrons-nous que le silence est essentiel dans une démarche de croissance personnelle?

Essentiel parce qu'il facilite tout geste d'intériorisation, toute démarche de retour sur nous-mêmes. Essentiel parce qu'il crée un espace à l'intérieur de nous où l'âme peut respirer et aspirer à l'élévation. Essentiel parce qu'il nous empêche de devenir sourds à nous-mêmes et à ce qui nous entoure. Essentiel parce qu'il maintient notre équilibre. Essentiel tout simplement!

On dirait que la société prend un malin plaisir à nous empêcher de penser. Il faut nous blinder contre la musique de centre commercial, de salle d'attente, de gym et de restaurant, contre les bruits de rue et des voisins, et faire en sorte que le silence soit quotidiennement au rendez-vous. Il est vrai que cela n'est peut-être pas une chose facile à faire, mais essayons d'abord de l'apprivoiser un jour à la fois.

Apprivoiser le silence, c'est commencer par vivre au moins un moment de silence par jour, moment pendant lequel nous prenons le temps de sentir le mouvement de notre respiration et d'entendre battre notre cœur pour laisser se manifester notre monologue intérieur.

Apprivoiser le silence, c'est donner de la valeur aux moments que nous passons assis ou couchés, soi-disant *à ne rien faire*, alors que nous sommes totalement présents à nous écouter.

Apprivoiser le silence, c'est accorder aux tâches répétées quotidiennement (dans le silence) la vertu d'occuper notre mental pendant que nous sommes entiers à ce que nos impressions et nos émotions nous révèlent.

Qu'est-ce donc que ce mental dont il est toujours question et qu'il faut à tout prix faire taire? direz-vous. Eh bien, le mental n'est pas mauvais en soi, car il est notre moi conscient, notre faculté de réfléchir et de décider. Par contre, ce mental qui devrait vivre en équilibre avec notre intuition et nos émotions, c'est-à-dire avec notre monde intérieur, est trop souvent sous l'influence de notre vécu, de la société, de l'éducation, de l'entourage et de ce qu'ils nous ont inculqué, jour après jour, de «Il faut que...», «Tu devrais...», «Cela ne se fait pas...», «On n'a jamais vu ça...». Ce sont ces influences extérieures qui créent souvent le déséquilibre et qui nous mettent en dualité avec nous-mêmes. Le mental angoissé, anxieux veut toujours avoir raison; c'est lui qu'il faut faire taire, car il s'applique inlassablement à nous faire regarder en arrière ou à nous amener en avant, nous empêchant ainsi de vivre le moment présent. Quand nous faisons taire ce mental, souvent reflet de notre ego souffrant, inquiet et préoccupé qui se cache derrière l'orgueil pour garder la face, nous arrivons à toucher, dans le silence, au vrai repos et à la paix intérieure; nous arrivons tranquillement à transformer et à éduquer nos pensées à des visions élevées et positives, nous arrivons à nous ouvrir à la spiritualité.

Apprivoiser le silence peut alors mener, si nous le désirons, à la méditation et à la sensation de profond détachement qu'elle procure. Une certaine maîtrise de la respiration et du silence est la base d'une bonne méditation, mais, au-delà de cela, elle exige de lâcher prise sur les vicissitudes de la vie (donc, sur tout ce que le mental aura à suggérer d'images et de pensées perturbées et perturbantes) pour nous concentrer sur notre perception énergétique, notre vision intérieure, nos aspirations et le divin en nous.

Comme il est question d'équilibre depuis le début, loin de moi l'idée de suggérer ici d'intégrer toutes ces pratiques, en bloc et sans discrimination. Il est plutôt question de comprendre que l'équilibre commence par reconnaître et respecter nos besoins, nos limites et nos capacités. C'est à partir du moment où nous le voulons vraiment que s'intègre au fur et à mesure et pour longtemps chacun des moyens que nous choisissons.

> *Pourquoi ne pas essayer d'entendre le silence?*
> *Il a sûrement quelque chose à dire.*

J'utilise cet espace pour noter la phrase de ce chapitre qui a attiré mon attention.

CHAPITRE XXII

L'humour pour faire circuler l'énergie

Le rire fait circuler l'énergie. Pour être plus juste, je devrais dire que le rire *entretient* la circulation de l'énergie. Ses effets sont manifestes tant physiquement que moralement. Il défoule, détend, libère et désintoxique le corps et le cœur, empêche les rides au propre comme au figuré. En fait, il garde jeune, stimule notre ouverture d'esprit et va même jusqu'à guérir. Au nom de l'humour, on se permet beaucoup plus de choses, n'est-ce pas? Et, ce qui n'est pas à dédaigner, il facilite le lâcher-prise.

Dans notre société où on a beaucoup plus appris à être efficace et rentable, à avoir du plaisir et à être heureux, il devient urgent de mettre notre hémisphère droit à contribution en développant et en utilisant quotidiennement notre sens de l'humour.

Des statistiques démontrent qu'en 1939 on riait quotidiennement 19 minutes par heure, comparativement à 9 minutes par heure en 1980 et à 3 minutes par heure au début des années 1990 (statistiques tirées de la conférence sur l'humour de Bernard Halmos-Leblanc, Symposium de Shawinigan, 1992). Pourquoi cela? La vie est-elle de plus en plus difficile à vivre?

Il est étrange de constater qu'au cours des dernières décennies où prolifèrent les humoristes, nous rions de moins en moins de notre quotidien et dans notre quotidien. Nous utilisons de moins en moins ce merveilleux moyen, que nous possédons tous, de rendre nos journées plus agréables et nos problèmes plus faciles à supporter. Pourquoi cela? Parce que l'humour est maintenant devenu une affaire de spécialistes!

N'est-il pas curieux de penser que des centaines de personnes passent leurs journées stressées et pressées, afin de se donner, le soir venu, la possibilité d'aller, pendant une heure ou deux, rire à un spectacle, au théâtre ou au cinéma?

Il est tellement vrai que rire est non seulement un besoin fondamental, mais également un puissant outil de guérison, qu'on a structuré des thérapies axées uniquement sur celui-ci, comme la rirothérapie et la rigolothérapie. Mais avant et au-delà de la thérapie et du spectacle, il est essentiel d'intégrer l'humour à notre façon de vivre.

Mettre de l'humour dans notre vie contribue à développer notre confiance en soi. En effet, quand nous dédramatisons et que nous remettons les choses dans leur contexte, les difficultés et les problèmes nous apparaissent moins comme une question de vie ou de mort; nous avons confiance que cette difficulté est plutôt un passage au-delà duquel nous trouverons sûrement le beau temps.

De plus, mettre de l'humour dans notre vie contribue à désamorcer et à éliminer l'attitude que nous avons peut-être adoptée de vivre absolument des choses graves pour que les autres s'intéressent à nous. Nous n'avons pas non plus à nous punir de quoi que ce soit en nous enlevant toutes les possibilités de nous détendre et de nous amuser. Donnons-nous la liberté et la permission d'avoir du plaisir, c'est un geste d'amour envers nous-mêmes que de nous permettre le jeu et le rire. Nous le méritons bien!

Cependant, mettre le rire et l'humour à notre menu quotidien ne veut pas dire être superficiel, léger et frivole. Cela veut plutôt dire prendre les choses avec un grain de sel, sans pour autant mettre de côté la profondeur avec laquelle nous les vivons.

Il y a une différence entre être sérieux et être profond. Dans le dictionnaire, «sérieux» signifie : qui ne peut prêter à rire, et «profond» : qui va au fond des choses. Allons donc au fond des choses et constatons, entre autres, que le rire a l'inestimable vertu de nous garder en santé ici et maintenant. En effet, quand nous rions d'une situation, nous sommes tout entiers à elle, nous gardons l'esprit ouvert et disponible pour trouver des solutions à cette situation que nous sommes en train de vivre, nous faisons le plein de ce qu'elle nous apporte. Nous nous préparons ainsi à voir venir le futur tel qu'il sera, sans aucune appréhension, et à faire circuler harmonieusement l'énergie.

On ne peut évidemment parler de rire et d'humour sans parler de *mauvaise humeur*. La frustration, la colère, le stress, les problèmes émotifs de toutes sortes, sans oublier les ennuis physiques, peuvent en être les causes. Que la mauvaise humeur soit chronique ou circonstancielle, il est important de la regarder de près afin de désamorcer les raisons pour lesquelles nous n'entendons pas à rire. Ce n'est qu'au bout de cet exercice que nous pourrons éliminer le blocage physique et mental et sentir le flux de l'énergie qui porte à nous ouvrir à la vie, à sourire à la vie !

Et nous ne pouvons non plus parler du rire et de l'humour sans parler du *sourire*. Comme pour le rire et les larmes, le sourire se vit ici et maintenant, à condition évidemment que celui-ci vienne du cœur et qu'il ne soit pas une attitude automatique que nous affichons dès que quelqu'un se présente à nous.

Il importe de souligner qu'autant le rire *soigne* la personne qui le pratique, autant le sourire *soigne* la personne à qui il s'adresse. Par lui, on émet de la tendresse, de l'affection, des émotions, du plaisir. Le sourire met les personnes en contact les unes avec les autres. Qu'il y ait présence ou absence, on sent l'état d'âme des gens que l'on rencontre. C'est aussi par le sourire que l'on partage. Sourions et soyons disponibles aux sourires des autres, c'est une excellente façon d'échanger l'énergie.

Voici quelques trucs efficaces qui peuvent venir à notre secours pour acquérir cet état d'esprit.

- Se sourire et se dire bonjour dans le miroir au lever le matin est un bon moyen de commencer la journée dans la bonne humeur.

- Sourire au réveil aux gens avec qui l'on vit contribue à commencer notre journée dans un état d'esprit positif.

- Se créer une ouverture d'esprit propice au rire, la programmation avec une phrase comme : «Je suis disponible à l'humour dans ma vie» pourrait être efficace (voir le chapitre XIII, «Programmer ses pensées»).

- Remarquer si les pensées qu'on a au lever sont négatives et tristes et essayer, autant que possible, de les chasser en pensant à une bonne blague ou à une belle chose qui arrive à nous faire sourire.

- Conscientiser tous les effets que procure le rire, chaque fois qu'il se produit dans notre vie.

- Trouver le plaisir de chanter et de danser, seul ou avec d'autres.

- Retrouver le plaisir de jouer aux cartes, de faire des châteaux de sable, de se tirer des boules de neige, etc., car le jeu suscite le plaisir et le rire.

Ces deux derniers éléments sont guérisseurs, ils constituent les meilleurs remèdes contre la dépression, l'ennui et le découragement. Faute de pouvoir, dans ces moments difficiles, rire de tout et de rien, n'hésitons pas à regarder un film drôle ou à fréquenter des amis qui manifestent une propension pour le plaisir, par exemple, car cela facilite la détente et permet de retrouver goût à la vie.

Nos journées peuvent être parsemées de moments de joie, de gaieté, de plaisir, de jeux, de plaisanteries, de divertissements et de réjouissances qui amènent le rire et le sourire sur nos lèvres. Toutefois, n'y perdons jamais notre profondeur, car le rire et le plaisir pratiqués à l'excès cachent du cynisme et souvent un refus de voir la réalité en face. Voir les choses trop roses, c'est aussi désastreux que de les voir trop noires car on se cache derrière une certaine désinvolture pour ne pas se responsabiliser.

Comme vous voyez, il est encore question de juste milieu et d'équilibre. Trouvons donc notre propre façon d'intégrer le rire et le plaisir dans notre vie. Sachons que le rire amène le rire. Quand nous rions et sourions, nous nous entourons de gens qui rient et sourient. Sachons également que le plaisir amène le plaisir. Quand nous avons du plaisir, nous nous entourons nécessairement de gens qui ont du plaisir.

Développons et exploitons notre septième sens, le sens de l'humour!

J'utilise cet espace pour noter la phrase de ce chapitre qui a attiré mon attention.

CHAPITRE XXIII

La musique pour s'harmoniser

Ce chapitre pourrait s'intituler: «L'impact des sons sur l'être humain», «Le pouvoir de la musique dans notre quotidien», «Notre corps, un instrument de musique» ou encore «La musique génératrice d'énergie» sans qu'on puisse déterminer tous les rôles joués par la musique et par les sons dans notre vie.

Beaucoup de sons nous sont presque constamment et quotidiennement imposés, surtout à la ville; c'est peut-être pour cela d'ailleurs que nous avons oublié le silence. Que ce soit la tondeuse du voisin, le heavy metal du petit dernier, le système d'alarme d'une voiture ou les mauvaises nouvelles à la radio, tous les sons, quels qu'ils soient, ont un impact sur notre corps, notre système nerveux et notre moral nécessairement.

Le corps humain est composé à 80% de liquide, et c'est cette matière qui vibre aux ondes émises par les sons environnants. Remarquons comme notre rythme cardiaque change et comme notre corps vibre différemment uniquement au son d'une porte qui claque, par exemple. De plus, nous savons, par la médecine orientale, que l'oreille est liée par ses différents points réflexes non seulement à tous les organes du corps, mais aussi au système nerveux. Comme les sons entrent dans le corps par l'oreille, il est assez facile de comprendre que chaque fois que nous entrons en contact avec des sons (des bruits, des voix, de la musique ou même une simple conversation téléphonique), il s'ensuit une réaction organique et émotionnelle.

Si ce que l'on entend est violent et cacophonique, cela stimule l'organisme et peut provoquer de l'agressivité et des actions brusques, entre autres; par contre, si ce que l'on entend est doux et harmonieux, cela détend l'organisme et peut amener à la paix et à la tendresse, par exemple.

Pour en mesurer totalement l'impact, il y a un facteur qu'il ne faut absolument pas négliger: l'état d'esprit dans lequel nous sommes déjà, avant de vibrer aux sons ou à la musique. Si nous sommes négatifs, les sons violents auront beaucoup plus d'impact sur nous que si nous sommes, ce jour-là, positifs et bien disposés envers la vie.

Par la faculté qu'il a de vibrer, notre corps est un instrument de musique qui a un son, une vibration qui lui est propre et qu'il souhaite harmonieux avec les sons de tous les êtres formant la société. Nous essayons constamment d'être en harmonie et de jouer à l'unisson, mais cela n'est pas toujours possible car nous sommes souvent, et pour toutes sortes de raisons, désaccordés. C'est quand on éprouve cette dysharmonie qu'il y a des problèmes de circulation d'énergie pour lesquels nous devons intervenir.

Accorder notre être et le mettre en harmonie pour qu'il puisse se centrer, se ressourcer et rayonner peut se faire à l'aide de sons.

D'une part, les sons de la nature...

Quelles merveilles avons-nous à portée de la main et, qui plus est, sans payer un sou! Reprenons conscience de leurs existences; par exemple, laissons-nous pénétrer par le chant des oiseaux, par le son du vent qui souffle dans les arbres, par le bruit de la pluie qui tombe ou par celui des vagues qui touchent le rivage, et observons la détente et le ressourcement qu'ils procurent. Cela est tellement vrai et efficace que nous trouvons maintenant sur le marché des CD et autres supports audio de ces sons si doux au corps, au cœur et à l'âme.

... D'autre part, les sons harmonieux, mélodiques et organisés de la musique

- La musique est sensations et vibrations. Elle parle au corps, elle pénètre en nous par tous nos sens et nos centres d'énergie, pour rééquilibrer notre fonctionnement organique.

- La musique est émotions. Elle parle au cœur, elle entre en contact avec nos peurs, nos anxiétés, nos plaisirs, entre autres, pour rééquilibrer notre fonctionnement psychique.

- La musique est imagination. Elle parle à la pensée, elle entre en contact avec nos intuitions, nos rêves, nos fantasmes, entre autres, pour dynamiser notre force d'action.

- La musique est énergie pure. Elle parle à l'âme, elle entre en contact avec notre pureté, notre vérité, notre divin, pour une harmonisation globale.

La musique est thérapeutique et peut contribuer à changer nos états d'âme. Elle est un formidable guérisseur. Évidemment, ce n'est pas un travail qui se fait tout seul et en une seule fois, car utiliser la musique pour trouver la paix et l'harmonie intérieure ou pour atteindre la guérison implique que nous soyons d'abord attentifs à tout ce qui fait surface au moment de l'écoute, puis que nous soyons prêts à nous occuper de ce qui demande de l'attention.

Même si nous ne voulons pas entreprendre un processus thérapeutique par la musique, sachons que quel que soit notre but (énergiser, équilibrer, harmoniser, détendre, guérir...), il sera atteint à deux conditions.

Premièrement, le choix de la musique. Il est important de choisir les musiques qui nous conviennent, celles qui nous touchent, celles qui nous rejoignent. L'éventail doit être assez large, car c'est ainsi que nous pourrons choisir une musique plus stimulante les jours de baisse d'énergie et plus douce, les jours de surcroît de vitalité.

Deuxièmement, l'état d'esprit dans lequel nous sommes. Il est important d'être réceptifs aux effets que la musique a le pouvoir de produire sur nous. Ceux-ci seront d'autant plus efficaces et plus rapidement. De plus, n'oublions pas que nous sommes toujours en mouvement ; ainsi, la musique qui convenait hier n'aura peut-être pas les mêmes effets demain. Écoutons pour cela ce que notre corps demande et ce que notre intuition choisit.

Nous vibrons, c'est entendu, mais nos vibrations sont différentes. Elles sont plus hautes, plus fines et plus subtiles au fur et à mesure que nous évoluons et que nous nous élevons spirituellement. À nous donc de trouver la musique qui porte notre propre taux vibratoire[3], celle qui nous met en contact avec nos aspirations les plus élevées.

Les chercheurs[4] s'accordent à dire qu'outre les sons de la nature, la musique classique est celle qui offre le plus grand éventail de rythmes, d'émotions, de taux vibratoires et d'énergie créatrice, et que c'est dans ce large répertoire que nous pouvons trouver celles qui conviennent totalement à nos besoins.

Quant à la musique dite nouvel âge, elle se caractérise par d'évidentes propriétés : celle de nous déconnecter d'une réalité difficile, celle de nous laisser flotter pendant un moment comme sur un nuage, celle de calmer, de détendre et de faire taire le mental.

La nature humaine étant ce qu'elle est, il est évident que certains musiciens, comme d'autres créateurs d'ailleurs, ont de tout temps essayé de profiter des courants de pensée, des modes et des besoins de l'heure, pour faire leur place au soleil. Ce sont ces créations « non inspirées »

---

3. C'est ce même taux vibratoire qui permet aux personnes de se reconnaître entre elles. Quand on dit « qui se ressemble s'assemble », c'est tout simplement que ces personnes ont le même taux vibratoire. Il en va de même quand les êtres se séparent avant même de pouvoir expliquer pourquoi ça ne va plus ; ils le sentent parce que leur taux vibratoire respectif a changé.

4. Ces chercheurs sont spécialisés dans la recherche des effets de la musique sur l'âme humaine.

qu'il est souhaitable d'éviter. Il n'en tient qu'à nous de prendre le temps de connaître nos besoins et de nous laisser choisir par la musique.

Personnellement, je suis fascinée par la polyphonie. Je vibre à cette musique créée uniquement par la voix humaine : voix des chanteurs de grégorien, voix de gorge des Inuits, voix de chœurs bulgares, voix des travailleurs chantant pour scander le rythme de leur labeur, comme autant de sons qui donnent un caractère sacré à la vie. Je suis aussi fascinée par la musique des mots, particulièrement le slam, mots qui chantent, mots qui emportent, mots qui bercent.

Choisir notre musique, c'est opter pour un moyen de gérer notre énergie et la circulation de celle-ci. Comme nous choisissons nos musiques, pourrions-nous être plus attentifs aux sons ambiants et environnants ? Il est difficile, mais possible, de ne pas nous laisser totalement polluer par ceux-ci. Une musique de notre choix (dans l'auto, le MP3, le IPod ou à la maison, lors d'une promenade dans la nature ou au moment de grandes respirations concentrées sur notre vie intérieure) arrive à annuler *momentanément* les effets polluants des sons indésirables. C'est la grâce que je nous souhaite !

Et, surtout, n'entendons pas les sons que nous ne sommes pas obligés d'entendre.

J'utilise cet espace pour noter la phrase de ce chapitre qui a attiré mon attention.

CHAPITRE XXIV

Le quotidien pour faire le plein

Il y a tant de choses qui ont été dites sur le boire, le manger et l'activité physique, par exemple, que je ne crois pas nécessaire de revenir sur les impacts positifs qu'ils peuvent avoir sur la santé.

Il sera plutôt question des aspects *énergie et conscience* que l'être humain peut acquérir face à ce qu'il choisit de donner à son corps et à son esprit pour qu'il fonctionne au maximum.

Parlons d'abord de boire qui, en termes d'énergie et de conscience, se rapporte à l'eau. Toutes les autres boissons en découlent et nous en connaissons tous les propriétés. L'eau, c'est la vie! Nous pourrions nous passer de tout, mais pas de l'eau. Sans elle, la vie et même la survie sont impossibles.

L'eau est sacrée, elle est chargée du pouvoir de purifier et de régénérer. En être conscients au moment où nous l'absorbons permet d'en recevoir les effets.

L'eau est universelle; communier avec cette énergie de l'Univers est un geste simple que nous pouvons accomplir partout et en tout temps. Une seule condition est nécessaire: vouloir sincèrement recevoir ce que l'eau a à nous transmettre. Il ne s'agit pas d'accomplir un rituel qui deviendrait routine et perdrait toute sa signification, une fois ancré dans nos habitudes. Il s'agit plutôt de communier à l'énergie de l'eau chaque fois que nous la buvons, que ce soit celle de la fontaine du parc ou celle de la carafe du bureau, en passant par celle du robinet ou de la fameuse bouteille en vente partout.

C'est concentré sur le geste et sur le caractère sacré du geste que l'on bénéficiera physiquement, psychiquement et spirituellement de ses bienfaits. L'énergie électrique et vibratoire agit sur le plan physique; la conscience du geste avec un esprit ouvert, sur l'estime et sur le respect de soi; et le caractère sacré de la communion avec la vie, sur notre élévation spirituelle.

Vous me demanderez sans doute: «Oui, mais quelle eau boire?» À cela, je répondrai que la meilleure eau est évidemment celle que nous buvons à la source même. Mais je répondrai aussi que nous devons plus que jamais vivre avec les conséquences de nos actes et que, quelle que soit la qualité de l'eau que nous choisissons de boire, elle doit être *en mouvement* pour posséder ses propriétés énergétiques. Les eaux embouteillées qui dorment sur les tablettes stagnent et perdent cette vitalité que nous souhaitons tant y retrouver. Il existe cependant une façon simple de redonner à l'eau ses propriétés électriques et vibratoires et ainsi de la remettre en équilibre yin-yang.

- Verser de l'eau dans un récipient fait de matière perméable comme le grès ou la céramique.

- Placer celui-ci dehors sur la terre, du petit matin au zénith, de préférence par un jour ensoleillé.

- Boire tel quel ou utiliser pour la tisane ou toute autre boisson de votre choix.

Ce principe de magnétisation de l'eau a été commercialisé et il est efficace. À nous de décider celui que nous voulons bien employer.

Et que dire de manger? Quelle que soit la nourriture que nous absorbons, il est évident que nous ne pouvons retourner en arrière pour retrouver la pureté des aliments d'antan. Cependant, nous pouvons sans doute nous procurer régulièrement des aliments exempts le plus possible de produits chimiques, exposés à l'eau et au soleil naturel et susceptibles de nous transmettre l'énergie universelle dont ils regorgent. Tout le courant «bio» de la dernière décennie poursuit ce but. Comme pour l'eau, tout ce qui n'est pas en contact direct avec la vie et la circulation de l'énergie n'offre pas totalement la possibilité de nous régénérer. Il faut aussi mentionner que certaines viandes peuvent être porteuses du stress et du traumatisme avec lesquels l'animal a perdu la vie, au point peut-être de transmettre ces vibrations, pour le moins troubles, à ceux qui en mangent. Car l'animal, comme l'homme, vibre à son environnement et peut, comme lui, transmettre ses vibrations. Raison de plus pour avoir de la gratitude envers l'animal mort pour nous donner la vie.

Loin de moi l'idée d'éliminer les viandes, les produits congelés ou les conserves de notre alimentation. Rien ne sert d'être excessif. La modération, là comme ailleurs, est toujours préférable, sinon il n'y aurait pas d'équilibre. Il est plutôt question d'attirer l'attention sur ce qui est en contact avec l'énergie pure et régénératrice et sur ce qui peut nous la transmettre. À nous d'utiliser notre éveil et notre conscience pour choisir ce qui nous sera bénéfique.

Le geste de manger est aussi sacré que celui de boire; il doit être accompli avec recueillement et gratitude, comme une façon de dire merci.

De même, un bon repas en compagnie de gens qu'on aime doit être pris avec la conscience du partage, comme une façon de *communier*.

D'ailleurs, je ne vous apprends rien en affirmant que les repas, même au quotidien, doivent être l'occasion de partage et non l'occasion de règlements de comptes. Il est facile d'imaginer les problèmes physiques, émotifs et de déséquilibre énergétique qui peuvent surgir de repas pris en état de stress. C'est notre responsabilité de nous éviter et d'éviter aux autres l'obligation de manger dans de mauvaises dispositions. Manger stressé amène à mal digérer, à mal travailler, à mal entrer en contact avec autrui, à mal dormir, à être frustré, à encore mal digérer, à être de mauvaise humeur, à devenir agressif, à être nerveux, à perdre son job, etc. Et je n'exagère pas!

Toujours au sujet de la nourriture, je ne peux traiter de l'équilibre sans aborder le thème de la nourriture *intellectuelle* et *spirituelle*. Comme on nourrit le corps, il faut, pour évoluer, nourrir l'esprit et l'âme. Il est très important de comprendre qu'il y a, là aussi, une qualité à assurer.

Encourager notre curiosité, trouver des réponses à nos questions, rencontrer des personnes dont le discours nous inspire, éviter de nous abrutir devant des émissions de radio ou de télévision qui ne mènent nulle part, écouter notre voix intérieure qui nous pousse à chercher le pourquoi des choses, suivre des cours, écouter des conférences, des documentaires, lire, voyager, visiter des musées, aller au théâtre, avoir un maître spirituel, etc., sont les voies de la nourriture intellectuelle et spirituelle.

Nous sommes les seuls à décider des moyens de nous nourrir intellectuellement et spirituellement. Toutefois, nous devons le faire à tout prix par respect envers nous-mêmes, envers notre raison d'être, la vie et l'intelligence qui nous est donnée.

Écoutons notre intuition pour guider nos choix et utilisons notre discernement pour déterminer ce qui *nous* convient au moment où cela nous convient, en relation avec *notre* besoin et pour *notre* évolution. Soyons vigilants et n'intégrons pas n'importe quoi, sans discrimination. Curieusement, cela nous ramène toujours à la responsabilité que nous avons de nous-mêmes, n'est-ce pas? Personne ne pourra jamais faire le travail à notre place.

Ainsi en est-il de l'activité physique et, là encore, il n'est pas question de traiter des gymnases, de l'entraînement physique et de ses résultats, mais de l'activité physique au quotidien, celle qui active les centres d'énergie, celle qui nous garde constamment en mouvement et en contact avec l'air, la terre, l'eau, le soleil, la lumière, bref, celle qui guérit. Quoi de plus bénéfique sur le plan énergétique que de nager dans l'eau d'un lac, de travailler la terre, de courir dans la nature, de respirer, de marcher...

Oui, marcher! Quel beau geste inspirant! Marcher pour manifester notre pouvoir d'aller de l'avant, d'avancer, de décider. Prendre le temps de bien nous chausser rend la marche sûre; il doit en être ainsi de nos projets, il faut nous outiller pour avancer sûrement. Nous concentrer sur l'action de marcher nous situe dans l'instant présent, il doit en être ainsi de nos projets; il faut apprendre à vivre l'action au moment où elle se passe. Le bien-être est dans le *processus* qui mène au but.

Observons-nous bouger. Oui, bouger! Car il n'y a pas que l'activité physique en cause, il y a toutes les possibilités que l'être a de s'exprimer par le geste. Danser, par exemple, est un des langages du corps et de l'esprit. Par la danse, nous nous exprimons, nous transmettons nos états d'âme, nous nous défoulons, nous obtenons une circulation complète de notre énergie, nous activons nos centres d'énergie, nous nous guérissons, nous nous élevons et, à défaut parfois de danser réellement, nous pouvons danser dans notre tête. Cette façon de faire est pleine d'humour, donne du moral, stimule, fait sourire et détend. Il ne suffit que de nous concentrer sur le geste et de laisser aller notre imagination.

Chanter est un autre langage de l'être qui met à contribution notre potentiel vibratoire. Chanter, comme danser, permet au corps et au cœur de s'exprimer, de guérir et de s'élever en activant les centres d'énergie. Point n'est besoin d'avoir une belle voix pour dire à quelqu'un qu'on l'aime, sur tous les tons. Chanter est un exercice d'ouverture. Chanter partout et n'importe quoi met en confiance, chasse la peur du ridicule, rend joyeux et fait nécessairement circuler l'énergie. Ainsi en est-il de tout ce qui, dans notre vie, permet au corps et au cœur de s'exprimer et de manifester qu'on aime la vie.

C'est pour cette raison que je ne peux passer sous silence ce geste propre à la nature humaine et qui est à la base de la vie: la sexualité. Elle doit être vue comme un geste simple, naturel, essentiel et sacré.

Par la sexualité, les êtres humains entrent en contact les uns avec les autres. En faisant l'amour, ils transfèrent, échangent, mélangent leurs énergies. Est-ce que cela ne vaut pas la peine, entre autres, d'en savoir un peu plus long sur l'énergie de notre partenaire avant d'accepter de la prendre en soi? Est-elle énergie d'agressivité, de violence et de frustration, ou énergie douce, porteuse de tendresse et d'affection? Je ne parle pas ici de comportement sexuel, il découle du reste; je parle plutôt de ce à quoi l'autre vibre, de ce qui en émane de négatif et de positif. Le geste est trop important pour que nous ne prenions pas la peine de nous préserver, dans tous les sens du mot. Il est trop important pour le réduire uniquement à un acte sans conséquences. Il a des répercussions, comme tous les gestes que nous faisons et ferons au cours de notre vie.

L'énergie sexuelle est une énergie créatrice et si, par moments, le contact physique ne nous est pas possible, nous pourrons y trouver une valeur de remplacement dans la création pour éviter la frustration, le manque et la déperdition d'énergie. Par la sexualité ou la création, l'homme s'énergise, s'harmonise, s'intériorise et s'extériorise en même temps. La sexualité est une belle voie de communication qui prend un caractère sacré quand elle vient consacrer et célébrer l'amour et la vie.

Boire, manger, rire, étudier, bouger et aimer sont des gestes:

- de plaisir à être dans notre corps et à en découvrir toutes les capacités;
- de contentement à percevoir l'éveil des sens, comme un épanouissement du corps, de l'esprit et de l'âme;
- de conscience à ressentir la vie couler en nous, comme la seule force qui nous appartient vraiment;
- d'amour à respecter l'importance de l'être que nous sommes;
- d'autoguérison pour le corps, le cœur et l'esprit à utiliser comme une reconnaissance du médecin intérieur que nous possédons tous;
- de célébration envers la vie qui nous est donnée.

Que pensez-vous de profiter de la vie
pendant que vous êtes encore vivant?

J'utilise cet espace pour noter la phrase
de ce chapitre qui a attiré mon attention.

Chapitre XXV

Les autres pour échanger

Aujourd'hui plus que jamais, parfois bien malgré lui, l'homme est obligé d'entrer en contact avec les autres et, quels qu'ils soient, il doit négocier avec le partage d'émotions et l'échange d'énergie qui en résultent.

Étant donné cela, il est évident qu'il est préférable pour lui d'essayer de tirer profit de ces contacts et de comprendre que son équilibre et son évolution dépendent aussi de la qualité de cette interaction.

Plusieurs aspects de cette question ont été traités dans d'autres chapitres, mais avant d'aborder le propos de celui-ci, je tiens à insister sur l'importance de rechercher des contacts valorisants. Dans notre vie, les autres, qu'ils soient patrons, parents, confrères, conjoint, enfants, amis, connaissances, etc., sont aussi porteurs de notre nourriture intellectuelle et spirituelle. Qu'ils soient détonateurs de nos joies ou de nos peines ou qu'ils nous renvoient à nous-mêmes comme un miroir reflète notre image, une chose est sûre, c'est aussi par eux que nous apprenons et que nous évoluons.

Mettons notre ego de côté et appliquons-nous dans nos rapports avec autrui à être ouverts, vrais, généreux, respectueux et cherchons les personnes qui sont pareillement disposées à partager, à aider, à s'instruire et à nous instruire.

Certains de ces contacts quotidiens, voulus ou non, peuvent éventuellement générer des malaises et même des déséquilibres que nous ne pouvons malheureusement pas toujours contrôler seuls. Pour y remédier, nous devrons parfois consulter un thérapeute spécialisé en harmonisation énergétique, par exemple. Ces consultations doivent cependant être occasionnelles, car cela n'appartient pas au thérapeute de faire continuellement le travail à notre place. Il est préférable de maîtriser soi-même son flux énergétique au quotidien, quitte à obtenir les services d'un spécialiste en période de crise.

Ainsi, consulter au besoin un acupuncteur, un maître reiki ou un thérapeute en polarité, par exemple, ne peut être que bénéfique ; il n'en tient qu'à nous de ne pas en faire une *dépendance* et de *magasiner* pour trouver la personne qui convient. Sachons cependant qu'en bout de ligne nous sommes les seuls à avoir le pouvoir de dire oui ou non au traitement. Après tout, c'est de nous qu'il s'agit et c'est nous qui payons !

Cela dit, venons-en au propos de ce chapitre : l'attention que nous devons porter aux gens que nous côtoyons. Sont-ils porteurs de l'énergie qui nous convient ? Ont-ils le même taux vibratoire que nous ? À nous d'y voir en écoutant ce que nous ressentons quand nous sommes en contact avec eux. Mais ne concluons surtout pas trop vite et n'évitons pas systématiquement toutes les personnes avec lesquelles nous ne nous sommes pas sentis à l'aise la première fois.

Soyons plutôt attentifs à ce malaise, afin d'en déceler les raisons et, surtout, d'y réagir sainement. En outre, posons-nous des questions.

Sommes-nous mal parce que la personne nous plaît qu'il s'établit un rapport de charme et que nous sommes intimidés, au point d'en perdre tous nos moyens ?

Sommes-nous mal parce que cette personne a un tel bagage intellectuel ou artistique qu'il s'établit un rapport de force et que nous sommes dévalorisés, au point de perdre confiance en nous ?

Sommes-nous mal parce que cette personne s'aime si peu qu'il s'établit un rapport de dominance et que, par peur d'être dominée, elle domine, au point que nous en perdons l'estime de nous-mêmes?

Sommes-nous mal parce que cette personne est si frustrée qu'il s'établit un rapport d'émetteur-récepteur et que nous devenons la poubelle de son trop-plein d'émotions négatives, au point d'en perdre le respect de nous-mêmes?

Sommes-nous mal parce que cette personne possède tellement ce que nous voulons qu'il s'établit un rapport de suffisance et que nous dénigrons chez elle ce qui nous fait tant envie, au point de nous en priver éventuellement?

Sommes-nous mal parce que la personne ne nous comprend pas qu'il s'établit un rapport de différence et que nous devenons résistants, au point de ne pas trouver le chemin qui mène à elle?

Sommes-nous mal parce que cette personne est tellement vide intérieurement qu'il s'ensuit une relation vampirique et que nous n'avons de cesse de lui donner tel un puits sans fond, au point de nous sentir constamment vidés?

Sommes-nous mal parce que cette personne nous inspire si peu de confiance qu'il s'établit un rapport de peur, au point de vouloir la fuir?

Sommes-nous mal parce que cette personne n'a rien qui nous corresponde, au point de ne jamais désirer sa compagnie?

Sommes-nous mal parce que nous nous sentons personnellement et constamment touchés par l'opinion ou le jugement émis par quiconque autour de soi, au point d'en perdre toute lucidité face à nous-mêmes?

Beaucoup d'autres questions pourraient encore se poser, mais quelles qu'elles soient, une chose est sûre, nous devons essayer d'y répondre en toute honnêteté afin d'augmenter nos chances d'équité et d'évolution. Cet exercice nous met en face de nous-mêmes et nous permet de nous voir tels que nous sommes, de nous accepter, de nous respecter et, par le fait même, de respecter les autres. Il évite aussi de classer systématiquement les êtres qui nous dérangent dans la catégorie de ceux qui ont une *énergie négative*.

D'ailleurs, ne sommes-nous pas parfois porteurs de cette énergie que nous projetons sur les autres tout simplement pour ne pas avoir à la constater chez nous ?

Quoi qu'il en soit, il faut écouter ce que nous ressentons, nous poser les bonnes questions, y répondre et agir au mieux de notre connaissance.

N'acceptons pas, *sans rien faire*, dans notre maison, notre vie, notre intimité, notre entourage, des gens au contact desquels nous nous sentons constamment désemparés et sachons que, face à de telles situations, il n'y a que nous qui puissions y remédier. Ce n'est surtout pas en nous plaignant constamment, sans rien faire, que nous attirons les conseils ; au contraire, nous les faisons plutôt fuir.

La solution est peut-être de leur dire ce que nous ressentons, de leur offrir en toute honnêteté notre amour, notre admiration, notre aide, notre incapacité, notre simplicité, notre aversion, notre inquiétude, notre peur, notre démission ; de vérifier s'ils sont prêts à nous entendre et comment ils réagissent à notre offre. Si, au bout de cet exercice, le malaise persiste et que rien n'évolue, peut-être alors le rejet s'imposera. Ce sera alors une décision personnelle et conséquente, mais de grâce, donnons-nous un moment de silence pour réfléchir à la situation et pour laisser monter la vérité. Donnons-nous le temps de réagir sainement et laissons la chance au coureur !

Cela dit, il existe certaines façons simples de nous prémunir de l'énergie négative en tout temps et en toute circonstance qui, même si nous décidons d'aborder le problème en profondeur, nous permettront entretemps de ne pas y perdre notre équilibre.

- Nous laver les mains à l'eau froide : quand nous sommes en contact physique avec beaucoup de personnes à la fois, avec des gens porteurs d'énergie négative ou encore malades, cette façon de faire permet de nous débarrasser, après le contact, du trop-plein de l'énergie qui ne nous convient pas. C'est d'ailleurs une pratique courante chez les massothérapeutes et les thérapeutes qui font de l'équilibrage énergétique, entre autres.

- Porter le diamant ou le quartz clair au doigt ou en pendentif au niveau du plexus solaire : ces pierres ont la propriété de repousser le négatif. (Pourquoi croyez-vous que le diamant est encore offert en gage de mariage ? Pour perpétuer la tradition, bien entendu, mais toute tradition porte à l'origine une signification qui, en l'occurrence, était de chasser le négatif tout au long de la vie du couple.) À l'instar du diamant et du quartz, une panoplie de pierres et de cristaux peuvent compenser, sur un plan ou un autre, un déséquilibre énergétique. Il ne suffit que de consulter les livres qui en font état et de nous en servir.

- Visualiser la lumière blanche émanant de nous : celle-ci est une sorte d'antidote ; elle a la propriété de nous prémunir contre le négatif. Évitons cependant d'en faire une bulle autour de nous, car cette pratique, au-delà de la protection, peut nous rendre imperméables et inaccessibles.

- Trier sur le volet les personnes qui entrent chez nous : les porteurs d'énergie négative risquent d'en imprégner notre maison. Si, par contre, nous ne pouvons l'éviter, il faut faire brûler de la sauge séchée ou de l'oliban. Il nous est tous arrivé de visiter un jour une maison ou un appartement et de nous y être sentis suffisamment mal à l'aise – sans savoir pourquoi – pour ne pas vouloir y habiter, même si elle offrait toutes les commodités que nous désirions. Pourquoi ? Parce qu'elle était porteuse d'énergies négatives. Sachons que les objets sont eux aussi capteurs et émetteurs d'énergie comme les cristaux, les métaux et les humains, sans oublier les animaux qui, plus aisément que la majorité des êtres humains, détectent toutes les vibrations incohérentes dans un endroit ou chez une personne. Ils sont d'excellents baromètres, nous pouvons nous y fier.

• L'or et l'argent sont à porter avec parcimonie : ces métaux sont capteurs de yang pour l'or, et de yin pour l'argent. S'ils sont continuellement portés, ils peuvent provoquer des déséquilibres ou des blocages de l'un ou l'autre des pôles de notre énergie. Ainsi, prenons régulièrement congé de ces bijoux et lavons-les autant que faire se peut à l'eau froide.

• Faire l'exercice de clarification : il consiste à expirer pour faire le vide en jetant le négatif des pieds à la tête, et à inspirer en faisant pénétrer de la lumière blanche de la tête aux pieds.

• Aborder les gens qui nous agressent comme si c'était leur dernière journée sur terre : afin de leur pardonner et, surtout, de ne pas accumuler de sentiments négatifs qui, s'ils ne sont pas expulsés, peuvent se retourner contre nous et créer des blocages énergétiques.

Nous pouvons adopter quelques-unes de ces mesures pour nos jeunes enfants et nos adolescents. Sachons que les bébés sont principalement à la naissance yin-récepteur et qu'ils ont besoin de beaucoup de sommeil pour se former. Il est donc nécessaire de leur éviter le plus possible les contacts trop stimulants ou négatifs qui pourraient troubler la qualité de leur sommeil. Quant aux adolescents, donnons-leur l'exemple et soyons conscients que leur extrême sensibilité (comme chez les jeunes enfants d'ailleurs) les rend très vulnérables à toute l'énergie environnementale.

Il va de soi que, compte tenu de notre complémentarité, nous pouvons tout autant être émetteurs que récepteurs. Pour cette raison, notre vigilance doit s'appliquer tant à ce que nous transmettons qu'à ce que nous recevons. Respectons-nous assez pour ne pas conserver un déséquilibre en entretenant, entre autres, des sentiments et des émotions négatifs, et respectons assez les autres pour ne pas les leur transmettre.

*L'équilibre, c'est savoir donner
et recevoir dans une juste mesure !*

*J'utilise cet espace pour noter la phrase
de ce chapitre qui a attiré mon attention.*

Puis utiliser les résultats obtenus pour continuer d'avancer

Un homme n'est rien sans les autres hommes.

Anonyme

Développer notre conscience sociale

Le développement de la conscience individuelle, sujet de ce livre, débouche inévitablement sur une conscience sociale. Je dois cependant aborder la question de la dimension spirituelle de l'être comme préalable à une conscience individuelle et sociale équilibrée.

Beaucoup de penseurs, de philosophes, d'enseignants et de thérapeutes s'inquiètent, depuis plusieurs années déjà, de l'effet qu'ont pu produire chez les gens toutes ces théories axées sur le «Pense à toi d'abord» qui enjoignent à s'occuper de nous, de nos peines et de nos malheurs en premier lieu. Cette inquiétude est justifiable, car la pratique du retour sur soi risque de mener à l'individualisme si elle ne compose pas avec l'indispensable dimension spirituelle.

Il est vrai que le développement de notre dimension émotive avait besoin d'un sérieux coup de main et qu'elle accusait un net retard sur le développement des dimensions intellectuelle et physique. Maintenant que nous nous en sommes occupés activement, nous avons le devoir et la responsabilité de voir au développement de notre dimension spirituelle. Pour faire image, sachez que notre dimension spirituelle est aussi essentielle à notre fonctionnement harmonieux et équilibré que ne l'est la quatrième roue d'un carrosse.

André Malraux a dit: «Le vingt et unième siècle sera spirituel ou ne sera pas.»

Ramakrishna a dit: «La connaissance mène à l'unité, comme l'ignorance à la division.»

Or, évoluer spirituellement, c'est acquérir des connaissances. Développer notre propre spiritualité signifie contribuer à l'union de tous les êtres humains entre eux, quelles que soient leurs croyances, leur culture, leur race, leur éducation. Encore faut-il les connaître pour arriver à les reconnaître!

Annulons en nous ce besoin instinctif de contact avec le divin et nous ne trouverons jamais la paix.

Le Dalaï-lama a dit: «Si le calme ne règne pas en soi-même, il ne peut y avoir de paix dans l'approche d'autrui, et donc pas de relations pacifiques entre individus et entre nations.»

L'individu qui vit en équilibre physique, émotionnel, intellectuel et spirituel progresse nécessairement.

Un individu qui progresse fait progresser la société.

Si l'individu change, la société change aussi.

Tout ce que nous pouvons constater à propos de l'individu est donc transposable pour la société et de la même façon que l'homme aura travaillé à son équilibre, il travaillera à celui de la société.

En 1993, j'écrivais: l'individu souffre de la récession, de la guerre, de la famine, de la pauvreté, de l'individualisme. Ainsi en est-il de la société. La société serait-elle malade?

Je suis en état de choc de constater que je peux en 2009 réécrire les mêmes mots sur nos problèmes personnels, sociaux et planétaires. J'ai posé la question, j'ose donner la réponse: oui, la société est en quelque sorte malade! L'individu n'étant que le microcosme du macrocosme, le macrocosme représentant le groupe dont l'individu fait partie, chacun de nous serait-il donc, à certains points de vue, malade? Où en sommes-nous tous dans nos vies et dans notre course au bien-être? Où en est cette société dont nous sommes le miroir, dans cette même course au bien-être?

Socialement, quand la souffrance est trop apparente, nous regardons ailleurs, nous faisons semblant de voir, nous paraissons parfois indignés, nous allons même jusqu'à la «déporter» pour mieux la cacher. N'en faisons-nous pas ainsi pour nous-mêmes? Nous nous perdons dans le travail, nous nous dispersons, nous empruntons des voies d'évitement, comme la bouffe ou l'alcool, pour ne pas voir ce qui ne va pas en nous.

Ah, la souffrance, ne pas la vouloir et y être si attachés, comme la seule chose que nous connaissons! Par elle, nous nous sommes souvent valorisés et avons beaucoup attiré l'attention, jusqu'au jour où elle fut si normale qu'il ne s'est plus trouvé personne pour s'y intéresser. Ainsi en est-il de la société; la pauvreté et la violence sont tellement normales qu'elles sont banalisées.

Nous nous cachons trop souvent derrière l'excuse des obstacles et des difficultés venant de l'extérieur, pour ne pas prendre la responsabilité de les régler. À l'instar de ce comportement individuel, que fait la société? Elle rend les autres responsables de son déficit ou de la pollution qui la touche. J'ose dire que nous manquons de courage individuellement et socialement.

Nous ne nous sommes occupés trop longtemps que de la pointe de l'iceberg, ne soignant que l'effet pas la cause et ne réussissant qu'à soulager le bobo, pour qu'il réapparaisse quelques mois plus tard sans que nous nous soyons jamais demandé pourquoi cela se répétait. N'est-ce pas cela que notre société a fait longtemps en colmatant les nids de poule, les viaducs et autres brèches de ce monde, sans jamais réellement aller au fond du problème?

Regarder le bobo, le vrai, implique qu'il faille enlever le pansement et prendre le risque de voir ce qu'il y a dessous. Ce sera probablement laid, cela sentira mauvais, cela sera peut-être long à guérir. Il vaut donc mieux prendre des médicaments et espérer que cela se règle tout seul. N'est-ce pas ce que la société fait plus souvent que moins, étouffer des crises, colmater des brèches, en espérant que cela se règle tout seul avec le temps?

Nous avons tellement peur de souffrir que nous ne nous rendons même pas compte que nous avons les deux pieds dans la souffrance. Ainsi en est-il de la société: pourquoi avoir peur de nous serrer la ceinture, alors que nous ne faisons que cela, tenter de joindre les deux bouts?

Nous ne nous sommes occupés trop souvent que du négatif, sans jamais porter attention à ce que nous étions totalement et entièrement comme êtres humains, en prenant en considération notre plan de vie. N'est-ce pas là ce qui se passe socialement: la société s'occupant des grèves, des guerres et des déficits et perdant de vue son projet social ainsi que le devenir de la planète et de ceux qui l'habitent?

Khalil Gibran a dit: «De même que le noyau doit se fendre afin que le cœur du fruit se présente au soleil, ainsi devrez-vous connaître la douleur.»

Il est temps de regarder les choses en face et de comprendre que la difficulté, de quelque ordre qu'elle soit, est le détonateur du changement et le moteur du développement de la conscience et, par là même, de l'évolution. C'est elle qui nous pousse dans nos derniers retranchements (la société n'en est-elle pas là?), qui nous oblige à affronter les choses telles qu'elles sont (la société n'en est-elle pas là?), qui nous amène à lâcher prise sur une manière d'agir et de penser, pour inventer une nouvelle façon d'aborder la vie (la société n'en est-elle pas là?).

Cherchons le sens des obstacles et des difficultés que la vie nous offre à vivre et comprenons que, par eux, nous évoluons. Réalisons qu'ils sont les pistes à suivre pour orienter notre développement et comprenons qu'ils amènent avec eux leur part de bonheur.

Vivekananda a dit: «Plus les circonstances sont contre nous, plus notre force intérieure deviendra éclatante.»

Nous n'arrêtons jamais de croiser des obstacles et d'éprouver des difficultés. Toutefois, quand nous aurons compris que nous nous relevons d'une crise toujours plus forts et enrichis, nous «ramerons», curieux de savoir ce que l'avenir nous réserve, et nous comprendrons que plus celles-ci sont intenses, plus ce qu'il y a derrière est grand.

Confucius a dit: «Celui dont la pensée ne va pas loin verra les ennuis de près.»

Nous vivons à crédit. Nous amputons les droits de nos enfants et de nos petits-enfants à prétendre à un avenir satisfaisant. La pauvreté est dans notre cour, la famine et la guerre ne sont pas très loin non plus. L'argent que personne n'a plus mène le monde. La planète a de la difficulté à respirer; impossible de faire du jogging en ville sans nous empoisonner. Nous voyons mourir chaque jour, sans vraiment réagir, 40 000 enfants des suites de maladies reliées à l'environnement. Le Sud s'endette un peu plus tous les jours, et le Nord ne fait guère mieux. Quand cela finira-t-il?

Cela finira quand l'homme qui habite cette terre décidera que c'est fini. Quand il se convertira intérieurement aux valeurs spirituelles d'écologie, d'unité, d'harmonie, d'amour et de paix. Quand il entraînera dans son sillage ceux et celles qui désirent endosser ces valeurs.

Et inutile de perdre du temps à dire que c'est la faute de ceux qui nous ont précédés. *Il est tout simplement temps d'arrêter l'inconscience.* Il est temps de parler au «je» dans l'intérêt collectif. Il est temps que le bien commun devienne une propriété solide dont nous tous sommes responsables. Il est temps que les hommes et les femmes soient libres extérieurement et autonomes intérieurement, et sur lesquels les craintes et les peurs n'auront aucune emprise. Il est temps que les hommes et les femmes aient la volonté de s'orienter vers ce qui est grand et noble. Il est temps que les hommes et les femmes agissent dans les limites, librement consenties, de la loyauté et du désintéressement. Il est temps qu'une société adulte ne rende pas le gouvernement responsable de son bonheur. Il est temps de donner un exemple de courage à nos enfants en changeant nos comportements et nos habitudes.

Il est temps de concilier argent et spiritualité, écologie et économie, énergie et développement, individus et sociétés, individualisme et solidarité, politique et service. C'est une question de survie, et nos enfants nous en seront reconnaissants.

Ne nous laissons pas impressionner par la tâche à accomplir; soyons courageux et engageons-nous à continuer notre démarche, notre développement, notre évolution. Récupérons, protestons, conscientisons, prions, unissons-nous, choisissons une cause et progressons vers une conscience sociale.

Et n'oublions pas que l'homme n'est rien sans les autres hommes.

Laissons les difficultés et les obstacles transformer notre conscience.

J'utilise cet espace pour noter la phrase de ce chapitre qui a attiré mon attention.

Votre résumé personnel

Ceci est mon chemin à parcourir

Ces quelques pages blanches sont réservées pour votre propre conclusion. Transcrivez ici les phrases que vous avez écrites à la fin de chaque chapitre. Digérez-les, intégrez-les, faites-les vôtres, puis améliorez-les, faites-en usage et partagez-les. C'est la grâce que je nous souhaite!

Épilogue

*La vie, c'est ce qui se passe pendant
qu'on se demande ce qu'on va faire dans la vie.*

Anonyme

La relecture et, surtout, la réécriture de ce livre m'ont enthousiasmée. Seize ans plus tard, je me rends compte que tous ces outils, moyens et techniques d'ouverture de conscience et de croissance personnelle sont toujours actuels. La valeur ajoutée dans cette réédition vient entériner, peaufiner, approfondir, amplifier un contenu qui avait et qui a toujours sa raison d'être.

À relire mes sources, à fréquenter à nouveau mes dires, à m'observer vivre cet inspirant quotidien, j'ose affirmer que tous ces outils font partie de ma vie.

J'ose également affirmer qu'ils m'ont été d'un secours inestimable dans ma démarche d'autoguérison d'un cancer du système lymphatique survenu quelques années après la première édition de ce livre en 1993. Dans *Avez-vous le goût de vivre ?*, publié aux Éditions Quebecor en 2001 et réédité en 2009, je décris la maladie, sa symbolique et la guérison mise en œuvre et je fais particulièrement allusion à l'analyse des rêves, à tous ces merveilleux moyens, simples, gratuits et accessibles qui ont été les artisans de ma guérison. Je n'aurais pu croire en 1993 que ma recherche de l'équilibre puisse me mener à la découverte d'aussi puissants outils de guérison.

Cette réécriture m'a donc été, en tous points, extrêmement ressourçante et profitable.

Mais, au-delà des mots, osez vivre
et vous comprendrez !

Catherine Jalbert

Bibliographie

Bensaid, C. *Aime-toi et la vie t'aimera*, Paris, Robert Laffont, 1992.

Bernhardt, P. *Les secrets de la musique de l'âme*, Sainte-Adèle, Imagine, 1990.

Briez, D. *La science des chakras,* Boucherville, Éditions de Mortagne, 1994.

Bouchart, d'Orval J. «Réflexion politique mature?», *Guide ressources*, vol. 8, n° 1, septembre 1992.

Chang, Dr S. T. *Le système complet d'autoguérison*, Montréal, Éditions Frémontel inc., 1989.

Des watts entre les deux oreilles, Centrale de l'enseignement du Québec, Cahier pédagogique, Québec, 1993.

Dyer, Dr W. W. *Vos zones erronées*, Montréal, Éditions Sélect, 1979.

Gibran, K. *Le prophète*, Paris, Gallimard, 1992.

Gyatso, T. *Le 14e Dalaï-lama, Mémoires, mon pays, mon peuple*, Genève, Orizane, 1984.

Hi, F., Wen, Le roi, Tchéou, le duc de, Confucius, *Yi King, Le livre des transformations,* Richard Wilhelm (traduction allemande), Étienne Perrot (traduction française), Paris, Librairie de Médicis, 1973.

Hudon, J. «Wesak, l'heure de la réconciliation, synthèse du plus récent livre d'Anne et Daniel Meurois-Givaudan», *Luminance*, vol. 3, n° 1, 1993.

Laborit, H. *La légende des comportements*, Paris, Flammarion, 1994.

Languirand, J. *Mater Materia*, Ottawa, Minos, 1980.

Léonard, J. *Le rêve de ma vie*, Barret-le-Bas, Souffle d'or, 1993.

Médecine naturelle, Guide point rouge, Turin, E.D.I.L.E.C., 1978.

Millman, D. *Le voyage sacré du guerrier pacifique*, Genève, Éditions Vivez Soleil, 1991.

Morgan, M. *Pourquoi pas le bonheur?*, Montréal, Libre Expression, 1979.

Migelle, E. *Sauvez vos nerfs*, Soissons, Andrillon, 1985.

Notions élémentaires sur l'eau, Environnement Canada, Ottawa, 1991.

Roman, S. *Choisir la conscience*, Bourron-Marlotte, Ronan Denniel éditeur, 1990.

Saint-Germain, M. «La sourcellerie nouvelle», *Guide ressources*, vol. 8, n° 9, juin 1993.

Salonie, J. et Galland, S. *Si je m'écoutais, je m'entendrais*, Montréal, Éditions de l'Homme, 1990.

Saulnier, T.-J. *Guide d'analyse des rêves*, Montréal, Québec Amérique, 1990.

Surany, M. (de) *Le perpétuel devenir*, Paris, Guy Trédaniel, Éditions de la Maisnie, 1980.

Table des matières

TROISIÈME PARTIE
Puis utiliser les résultats obtenus
pour continuer d'avancer

Achevé d'imprimer au Canada
sur papier Enviro 100% recyclé
sur les presses de Imprimerie Lebonfon Inc.

certifié   procédé   100 % post-   archives   énergie
            sans   consommation   permanentes   biogaz
            chlore